OBAMA, EL DURO

OBAMA, EL DURO

NO SE PUDO

Santiago David Távara

Copyright © 2017 por Santiago David Távara.

Número de Control de la Biblioteca del Congreso de EE. UU.:   2016921243
ISBN: Tapa Dura   978-1-5065-1815-2
              Tapa Blanda   978-1-5065-1814-5
              Libro Electrónico   978-1-5065-1813-8

Todos los derechos reservados. Ninguna parte de este libro puede ser reproducida o transmitida de cualquier forma o por cualquier medio, electrónico o mecánico, incluyendo fotocopia, grabación, o por cualquier sistema de almacenamiento y recuperación, sin permiso escrito del propietario del copyright.

Las opiniones expresadas en este trabajo son exclusivas del autor y no reflejan necesariamente las opiniones del editor. La editorial se exime de cualquier responsabilidad derivada de las mismas.

Información de la imprenta disponible en la última página.

Fecha de revisión: 06/01/2017

Para realizar pedidos de este libro, contacte con:
Palibrio
1663 Liberty Drive
Suite 200
Bloomington, IN 47403
Gratis desde EE. UU. al 877.407.5847
Gratis desde México al 01.800.288.2243
Gratis desde España al 900.866.949
Desde otro país al +1.812.671.9757
Fax: 01.812.355.1576
ventas@palibrio.com

ÍNDICE

Capitulo 1 Flaquito pero duro 1

Capitulo 2 Yo tengo un dron 17

Capitulo 3 Rescate del sistema 31

Capitulo 4 "Deporter in chief" 37

Capitulo 5 Batalla de peones 49

Capitulo 6 Altibajos con Latinoamérica 61

Capitulo 7 Indignados, "outsiders" y soplones 77

Capitulo 8 Legado incómodo y tareas pendientes 93

Capitulo 9 Reflexiones 103

Obama, el duro

No se pudo

Barack Hussein Obama, el primer presidente afroamericano de la historia de Estados Unidos quien había prometido, "cambio y esperanza" aplicó su mano dura en la lucha contra el terrorismo y la inmigración indocumentada, y reactivó la economía con el rescate a Wall Street y la industria automotriz. Sin embargo, su gobierno tuvo que afrontar los tiroteos desenfrenados motivados por supremacistas blancos y extremistas islámicos, el descontento de los indignados que se arrojaron a los brazos de sus salvadores "outsiders anti-establishment" Donald Trump y Bernie Sanders y el crecimiento a nivel global del sentimiento antiestadounidense con la expansión del Estado Islámico, considerado como terrorista por Estados Unidos y otros países, que borró fronteras en su meta de crear un califato en Oriente Medio y al que el gobierno de Obama combatió con drones y asesinatos selectivos.

Agradecimientos

A los colegas periodistas que se esfuerzan por sacar a la luz la verdad, muchas veces arriesgando su vida.

Un agradecimiento especial al editor de este libro, el periodista uruguayo Jorge A. Bañales, y a todos aquellos que me dieron valiosos consejos para concretar este proyecto.

Presentación

El mundo atraviesa movimientos tectónicos con un impacto en la geopolítica y un enfrentamiento de países y movimientos sin fronteras que luchan por recursos, religión y poder, haciendo uso de armas modernas y otra herramienta poderosa que son las redes sociales. De esa manera pueden describirse los fascinantes ochos años del presidente Barack Hussein Obama con la presencia de movimientos que impulsaron Occupy Wall Street, Black Lives Matter, Primavera Árabe, Anonymous, sumado al surgimiento de outsiders en la política como Donald Trump y Bernie Sanders, la controversia de la filtración de fondos por parte de la organización Wikileaks y los llamados "soplones", los tiroteos que se convirtieron casi en trágica costumbre, la crisis de refugiados sirios y centroamericanos con imágenes desgarradoras de dolor y muerte de niños, y la muerte de personajes emblemáticos latinoamericanos como Hugo Chávez y Fidel Castro, y las ejecuciones de Osama bin Laden y Muamar Gadafi en Oriente Medio. En el epicentro de ese mosaico en esta aldea global, se mantuvo un personaje que representó a las minorías en el timón del país más poderosos del planeta, un presidente diferente de padre keniano y madre estadounidense blanca, quien salvó el sistema económico, aunque sin cumplir con sus promesas de cambio y la esperanza, y dejó la Casa Blanca entre la islamofobia y la xenofobia y otros males sociales. El motivo de este libro es evitar la complicidad silenciosa con respecto a los acontecimientos cuestionables ocurridos durante el gobierno de Obama, y más bien sacarlos a la luz, tocar la herida, aunque duela, a fin de que no se repitan. "¡Ay de mí si no lo hago!", diría el profeta bíblico del Antiguo Testamento sobre las consecuencias de callar, de abstenerse de la denuncia, de la indiferencia, porque al final, cualquiera puede ser víctima de un atentado o un bombardeo en cualquier lugar del planeta. Los años desastrosos del presidente George W. Bush ya parecen lejanos, y ahora toca enfocarse en el legado que Obama y la herencia que dejará a su sucesor, el multimillonario e impredecible Donald Trump, un republicano aliado con los conservadores que se podría considerar como "no tradicional" por su pasado como un demócrata liberal. La realidad es que persisten las divisiones partidistas y raciales, el odio rampante en el mundo motivado por ideologías y religiones, con acusaciones basadas en el manoseado término de "terroristas" para justificar acciones que rayan con la ilegalidad y un proceso justo. La pregunta de muchos estadounidenses: "¿por qué nos odian?", sigue calando en el alma de muchos. Luego de la era Obama, persiste el temor de un atentado o un tiroteo en cualquier café, mercado, templo o escuela, mientras los misiles de grandes potencias siguen acabando con la vida de miles considerados como "terroristas" en Oriente Medio y el Norte de África. De esa violencia, tampoco se han librado América Latina, Asia y África, donde han ocurrido matanzas, guerras y hambrunas. Como el país que se mantiene como el más poderoso del planeta, Estados Unidos tiene intereses globales que debe defender y a los cuales el presidente de turno debe responder. Y esa misión la proclama Estados Unidos con base al sueño, al anhelo de sus padres fundadores, del "Destino manifiesto", el "excepcionalismo", el "faro de luz", la "nación indispensable" llamada a imponer una paz global, a las buenas o a las malas, ante otras alternativas que ofrecen China o Rusia, o incluso el Estado Islámico con su sueño de califato y la imposición de la estricta ley islámica sharia. La cruda realidad es que el cambio no ha ocurrido, Obama no es Supermán ni el capitán América que muchos esperaban, pero sobre él recaen las responsabilidades como líder de las sociedades abiertas y del mundo occidental. La brecha se acentuado entre ricos y pobres, los ricos son más ricos, mientras el mundo sigue más convulsionado desde el momento en que el carismático Obama asumió, con su contagiosa sonrisa, las riendas del país de más de 300 millones de habitantes, que se extiende desde los océanos Pacífico y Atlántico, en medio de grandes expectativas esfumadas ahora entre el ruido de los drones y el llanto de los refugiados. Tres países con los que Estados Unidos tiene conflictos producen la mitad de la población refugiada del mundo que son Siria con 4,9 millones de personas; Afganistán con 2,7 millones y Somalia con 1,1 millones, según el informe anual de la ACNUR, la Agencia de la ONU para los Refugiados, divulgado en junio de 2016.

Capitulo 1
Flaquito pero duro

Ya parecen lejanos aquellos días del 2008, en todo el fulgor de la campaña electoral por la Casa Blanca, el entonces aspirante presidencial demócrata, el carismático senador de Illinois, Barack Obama, solía repetir que era "flaquito pero duro". Y no solo lo demostró a carta cabal, sino excedió las expectativas. Primero derrotó en unas reñidas primarias demócratas a su más experimentada rival, la senadora de Nueva York y ex primera dama Hillary Clinton, para luego vencer en las elecciones generales de noviembre al senador republicano de Arizona y veterano de la Guerra de Vietnam, John McCain. Cuatro años más tarde, sin oposición significativa en las primarias demócratas, logró la reelección en los comicios generales cuando venció su contrincante republicano, el multimillonario

Mitt Romney. La nostalgia invade a muchos al recordar el júbilo en las calles del centro de Washington, caracterizadas por su formalidad, aquella noche fresca del 4 de noviembre del 2008 cuando los medios de comunicación confirmaron la victoria de Obama, un símbolo de la diversidad y el rostro cambiante del país, porque se trataba del primer presidente afroestadounidense, un mulato, en sus 240 años de historia. Otras ciudades de Estados Unidos y del mundo también celebraron el fin de ocho años del desastroso gobierno del republicano George W. Bush. Atrás quedaban las fallas de inteligencia por los atentados del 11 de septiembre del 2001 y las invasiones de Afganistán en octubre del 2001 y de Irak el 2003, éste último bajo la falsa excusa de la existencia de armas de destrucción masiva. En el 2009, todavía se sentían los efectos del estallido de la burbuja hipotecaria y el agravamiento de la crisis financiera por la irresponsabilidad de Wall Street, con la amenaza de un colapso del sistema financiero que parecía arrastrar al resto de mercados internacionales. La economía se iba en picada con la pérdida de 700 mil empleos por mes. El triunfo de Obama también representó una vuelta de página a los escándalos de tortura a los llamados "combatientes ilegales" sospechosos de terrorismo en la prisión de Guantánamo y en Abu Grahib, entre otros lugares. La llegada de Obama a la Casa Blanca fue como el rompimiento de un maleficio por la amargura que arrastraban los demócratas desde los comicios presidenciales del 2000 cuando Bush derrotó al entonces vicepresidente Albert Gore en unas apretadas elecciones decididas al final por la Corte Suprema de Justicia, de mayoría conservadora. Bush, perdió el voto popular pero ganó la mayoría del Colegio Electoral en el complicado sistema electoral estadounidense. En 2004 Bush había logrado la reelección en medio de su llamada "guerra contra el terrorismo" con las invasiones de Afganistán e Irak, al vencer al experimentado senador demócrata John Kerry, un condecorado veterano de la Guerra de Vietnam. Pero ya en 2008 el país soñaba con el cambio y la esperanza prometidos. El carismático presidente electo, de la mano de su esposa Michelle y sus dos pequeñas hijas Malia y Sasha, era considerado como el "salvador', el llamado a sanar las heridas y a rescatar al país de todos los males que le aquejaban. Las promesas abundaban, las expectativas eran grandes. Los letreros proclamaban "un cambio en el que puedes creer" y "Esperanza", junto con su *best seller* titulado "La audacia de la esperanza", con el que basó su exitosa campaña presidencial. Fue una mezcla de carisma, deseo de cambio y mucha publicidad. La prestigiosa revista Advertising Age lo nombró como el "marketer" del 2008. Ni bien iniciado su mandato, como un incentivo, el nuevo presidente recibió el Premio Nobel de la Paz *por sus esfuerzos sobre el desarme nuclear, la paz en Oriente Medio y el cambio climático.*

Desafíos. *Sin embargo, a pesar de los buenos deseos, los desafíos eran grandes para el líder de una potencia global enfrascada todavía en conflictos bélicos.* El cambio de tono de parte de Obama se mostró en un discurso de aceptación del Premio Nobel en Oslo en diciembre de 2009. Días después de enviar 30 mil soldados estadounidenses adicionales a Afganistán, Obama mezcló un discurso entre la paloma de la paz con el halcón de la guerra cuando indicó, con referencia a los soldados estadounidenses, que "algunos matarán y otros resultarán muertos". Hay momentos cuando los países actuando a nivel individual o de manera colectiva, encuentran que "el uso de la fuerza no solo es necesario sino moralmente justificado", puntualizó. Con esas palabras, el mandatario, "flaquito pero duro", aplicó su mano implacable en la lucha contra el terrorismo global y en defensa de los intereses nacionales, aunque sin "botas en el terreno" y con el uso de drones.

2011, año clave. El 2011, en plena evolución de la llamada "Primavera árabe" encarnada por activistas que apostaban por una mayor apertura democrática en los gobiernos de Oriente Medio y el Norte de África, fue un año clave, de logros clave de su presidencia en materia de seguridad nacional y lucha contra el terrorismo. Fue un año en el que se cumplieron diez años de los peores atentados en suelo estadounidense, perpetrados por extremistas islámicos. El presidente logró en el 2011, a dos años de su presidencia, lo que su predecesor republicano George W. Bush hubiese soñado conquistar, y es tener, simbólicamente, como trofeos de guerra las cabezas de personajes detestados por Occidente y otras partes del mundo. Lo más resonante fue la ejecución del cabecilla de la red extremista Al Qaeda, Osama bin Laden, vinculado por los servicios de inteligencia estadounidenses con los ataques terroristas del 2001. El saudí Bin

Laden fue ejecutado en una operación militar estadounidense en Pakistán en mayo del 2011 y sepultado en el mar, de acuerdo con versiones oficiales, aunque su cadáver jamás se mostró al público, lo que llevó a las esperadas teorías de la conspiración sobre su muerte. En octubre de ese mismo año fue linchado por una multitud el líder libio Muamar Gadafi, luego de bombardeos encabezados por Estados Unidos y países de la OTAN, teniendo como justificación una resolución de la ONU para evitar un genocidio y salvar vidas de manifestantes defensores de la democracia, según describió el Obama en un discurso el 18 de marzo de ese año, en justificación de la intervención estadounidense. Irónicamente, Gadafi, a diferencia del derrocado líder iraquí Sadam Hussein, había renunciado a las armas de destrucción masiva en 2003, pero corrió un destino similar, demonizado por occidente. Como anécdota, el dictador libio tenía un álbum de fotos de Condoleezza Rice, quien había sido secretaria de Estado bajo el gobierno de Bush. Pero ni eso lo pudo salvar de su despiadado destino, presuntamente por sus arranques de locura que muchos temían que lo podían convertir en un Hitler por asesinatos de sus opositores. El plan de derrocar a Gadafi funcionó, pero las consecuencias no se esperaban en el país africano, ahora sumido en la violencia y en el caos, con la muerte de miles de civiles y una ola de refugiados. Cinco años después, en una entrevista a la publicación Atlantic en abril del 2016 Obama admitió que "probablemente" el mayor error de su gobierno fue la falta de un plan tras la caída de Gadafi. El presidente enfrentó críticas por la falta de medidas para evitar el asesinato del embajador de Estados Unidos en Libia, Chris Stevens, en septiembre del 2012. El resultado hoy en día es una prolongada guerra civil y la expansión del Estado Islámico, conocido como ISIS, ISIL o Daesh, en ese país africano rico en recursos petroleros. Con el apoyo en el Departamento de Estado, primero de Hillary Clinton y luego John Kerry, además del vicepresidente Joseph Biden, y el consejo del Pentágono sumado los aparatos de inteligencia y seguridad nacional, Obama demostró con la muerte de Bin Laden y Gadafi, que también puede ser más duro incluso que Bush y los halcones republicanos Paul Wolfowitz, Dick Cheney, Donald Rumsfeld o Alberto Gonzales, que formaron parte de la administración del mandatario republicano.

Consecuencias. Los fantasmas, los dragones del pasado, reaparecieron con Obama encarnados en movimientos extremistas sin patria fija que realizan atentados en cualquier punto del planeta como parte de su mensaje propagandístico. A su vez, Estados Unidos y sus aliados han contrarrestado esa ola extremista con planes secretos de asesinatos selectivos por parte de la nueva administración Obama, que al fin y al cabo, siguió lo que son las políticas de Estado, que no tienen tintes partidistas ni ideologías. No pasó mucho tiempo para marcar la diferencia entre el candidato Obama que prometía cambio y esperanza y el presidente que no le quedaba más remedio que proteger los intereses nacionales. Los recuerdos de aquellos titulares espectaculares sobre el triunfo de Obama en el 2008 parecieron marchitarse en el ocaso de su presidencia. El espejismo de un cambio sencillamente se esfumó. Esos lemas y frases publicitadas en los actos de campaña, se reemplazaron con un "No se pudo", "No nos dejaron" y un sinfín de excusas. Los demócratas que controlaron ambas cámaras del Congreso en los dos primeros años de Obama, sufrieron en las elecciones del 2016 no solo la derrota de la presidencia, sino que ahora son una minoría en ambas cámaras del Congreso y perdieron terreno en las legislaturas estatales y en las gobernaciones. Los sectores más conservadores han avanzado y amenazan con frenar lo que se esperaba una agenda progresista por parte de los demócratas. La publicitada esperanza se estrelló contra el mar de la realidad, la disfuncionalidad de Washington, el partidismo y la dependencia a los intereses especiales, los cabilderos o "lobistas" y las grandes corporaciones. El Obama de 2016, ya canoso y envejecido, es ahora muy diferente al que "vendieron" a los votantes en 2008. Aquel joven senador de la oratoria brillante que inspiró a millones, aunque para sus más acérrimos enemigos solamente era un buen lector del teleprompter, un producto del marketing, que al final no llevó a cambios estructurales de un sistema que sigue favoreciendo a los más ricos.

Oposición radical. Los republicanos contribuyeron a ese desenlace. Desde el principio de su mandato Obama enfrentó una oposición incluso parecía rayar con el racismo. "¡Mientes!", fue el grito belicoso del legislador republicano Joe Wilson en septiembre de 2009 cuando Obama pronunciaba un discurso en una sesión conjunta del Congreso. Los líderes republicanos en esos años, Mitch McConnell en el Senado y John Boehner en la Cámara de Representantes, lejos de colaborar pusieron piedras en el camino, perjudicando los intereses nacionales como parte de una estrategia obstruccionista que les funcionó en el mapa electoral con victorias en las casillas de votación. "Es una de las pocas cosas que lamento sobre mi mandato; que el rencor y la sospecha entre los partidos ha empeorado en lugar de mejorar", reconoció el mandatario en un discurso el 12 de enero de 2016 sobre el Estado de la Unión. Su legado en lo referente a la reforma de salud para dar cobertura a más estadounidenses y sus acercamientos con enemigos acérrimos como Irán con un pacto contra las armas nucleares y Cuba por una mayor apertura comercial, podrían ser desmantelados por su sucesor Donald Trump, ganador del voto del Colegio Electoral, pero perdedor del voto popular ante su rival demócrata Hillary Clinton. Obama deja un país hambriento de cambio y esperanza, dividido por los prejuicios raciales azuzados durante la "nasty" campaña electoral que tuvo a Trump como el nuevo abanderado antisistema.

En retrospectiva, nota del autor publicada en septiembre del 2003, durante la era Bush, en el diario La Prensa de El Salvador, con motivo del aniversario de los atentados de 2001. Las guerras y los conflictos globales desde esa fecha, bajo un mandatario demócrata, se han incrementado.

De aldea global a pueblo del viejo oeste

Con las torres gemelas "se han derrumbado muchas esperanzas de paz". Papa Juan Pablo II

Los cadáveres de los "malos" ya no se cuelgan como antes en las plazas públicas. Ahora los vemos por televisión en la tranquilidad de nuestro hogar, como ocurrió con los tristemente célebres Uday y Qusay, hijos del depuesto líder iraquí Sadam Husein. Los carteles que ofrecen jugosas recompensas por los criminales "vivos o muertos" ya no aparecen en los árboles y postes. Ahora se exhiben en sitios de internet donde la foto de Osama bin Laden, compite con una variedad de rostros que podría haber adoptado el fugitivo Sadam Husein.

A las puertas del segundo año de los ataques terroristas del 11 de septiembre en Washington y Nueva York, nuestra aldea global se ha convertido en un violento pueblo del viejo oeste estadounidense con enfrentamientos diarios de los "buenos" contra los "malos", donde los misiles y las bombas han sustituido a las balas. Los dirigentes de la opinión pública que se proclaman defensores de la santidad de la vida y de los derechos humanos, apoyan con entusiasmo castigos tan crueles como la pena de muerte y arrestan sin reparos a miles de forasteros, sospechosos de terrorismo por su raza o religión.

Como parte de la guerra global contra el terrorismo y blandiendo como espada la doctrina del ataque preventivo donde el sospechoso es culpable hasta que pruebe su inocencia, las autoridades de este país ya han invadido dos países. En Afganistán, 3.500 muertos después, las autoridades todavía no encuentran a Osama bin Laden, a quien vinculan con los atentados. En Irak, 10.000 muertos después, las autoridades no localizan a Sadam Husein ni sus ya legendarias armas de destrucción masiva, la justificación principal para la invasión del país petrolero.

Entre tanto, en Guantánamo más de 30 de un total de 660 detenidos indefinidamente por sus supuestos vínculos con el régimen talibán o el grupo terrorista Al Qaeda - considerados como "combatientes ilegales" - han intentado suicidarse al no poder contactar a un abogado ni hablar con un familiar. En esta tierra de libertad y democracia, las autoridades han aprobado en nombre de la seguridad nacional una "ley patriota" que niega los derechos básicos de los inmigrantes e invade la privacidad hasta de los propios ciudadanos.

Los temerosos habitantes en esta parte de la aldea global, aún estremecidos por el golpe terrorista del 9-11, se creen muy pequeños para cambiar las cosas y muchos están ocupados refinanciando sus hipotecas o comprando un auto nuevo gracias al recorte de impuestos y los bajos intereses. Mientras las autoridades piden la astronómica cifra de 87.000 millones de dólares adicionales para lograr la estabilidad en Irak y Afganistán, ya muchos parecen haber olvidado las "inocentes" fallas de inteligencia y "mentirillas" previas a la invasión de Irak.

Ningún alto funcionario ha renunciado ni el Congreso ha reaccionado como lo hizo con el anterior presidente por algo más trivial. Por el contrario, las autoridades siguen asignado millones de dólares a nuevas entidades de seguridad mientras que los funcionarios involucrados aspiran ahora a mejores puestos. Por su parte, los políticos se hacen de la vista gorda para no ser considerados como "suaves" frente al terrorismo y Naciones Unidas se ha cruzado de brazos luego de haber sido ignorada. Será difícil explicar toda esa farsa al niño iraquí que perdió los brazos bajo las bombas estadounidenses y ahora ha aprendido a escribir con los pies.

Los pacifistas que osaron levantar su voz contra esas injusticias han sido acusados de antipatriotas y traidores. Sólo se permite mostrar el sentimiento patriótico, agitar las banderas y consumir para mover la economía. Como resultado ahora hay más orden. Los periodistas repiten ahora lo que les dictan las fuentes oficiales, frecuentemente anónimas. Los artistas - tras amargas experiencias de los que agitaron banderas de paz - ahora nos entretienen. Al inmigrante se le dice que si no le gusta este gobierno que regrese a su país, al estudiante que se dedique a sus libros, al sacerdote que se concentre en sus misas y al político que recaude más fondos. Zapatero a tus zapatos. En estos turbulentos tiempos ya nadie quiere ofender a esa gran computadora que, como en la película "The Matrix", controla la mente de los humanos que viven en un mundo de ensueños mientras sus cuerpos yacen sumergidos en un estanque donde se les explota como materia prima.

La guerra contra el terrorismo, a diferencia de otras guerras perdidas contra el hambre, la pobreza, las drogas o la corrupción, justificará abusos y llenará los ya abultados bolsillos de vendedores de armas, empresas petroleras, y firmas que reconstruirán países que sus bombas devastaron. Un botín de guerra nada despreciable. La incesante lluvia que ha azotado Washington en este verano seguirá cayendo mezclada con las lágrimas de los familiares de los 3.000 muertos por los atentados terroristas, de los huérfanos y las viudas de los miles de iraquíes y afganos víctimas de los bombardeos y de los seres queridos del creciente número de soldados muertos en Irak.

En las vísperas del segundo aniversario de los ataques del 11 de septiembre y entre pronósticos de más lluvias sobre la Casa Blanca y el Capitolio, las banderas estadounidenses flamearán con orgullo en millones de hogares al viento de los discursos patrióticos, los servicios religiosos y los reportajes especiales. Después, todo volverá la rutina. Más alertas terroristas. Nuevos atentados. Más odio. Más lluvia de bombas. Nuevas lágrimas por los nuevos muertos. Recompensas jugosas por los criminales. Más mentiras. Todo volverá a la normalidad.

http://especiales.laprensagrafica.com/2003/zonacero/nota19.asp

Capítulo 2

Yo tengo un dron

La política exterior de Obama fue simplificada en varios "memes" en internet con el mensaje "Yo tengo un dron", haciendo un juego de palabras con el título del famoso discurso "I have a dream" –"Yo tengo un sueño", del líder de los derechos civiles Martin Luther King, un pacifista ganador del Premio Nobel de la Paz al igual que Obama. El pragmatismo del mandatario, en cumplimiento en primer lugar de los intereses de Estados Unidos, lo llevó más lejos que la doctrina de la guerra preventiva de Bush. La clave era no cometer las mismas "estupideces", según dijo Obama a reporteros a bordo del Air Force One en un viaje Asia, según lo relató la revista Foreign Policy el 4 de junio del 2014. Obama autorizó ataques con drones contra objetivos terroristas, pero "sin botas en el terreno", para evitar la muerte de soldados, una práctica que ha superado con creces a su predecesor Bush. Una de sus políticas más cuestionadas fue la elaboración de una "lista de asesinatos" en la que el mandatario tiene la última palabra sobre el siguiente objetivo terrorista que los drones deben eliminar, sin captura, sin juicio previo y sin las escandalosas torturas. El precedente es peligroso, porque otros países, desarrollados, en desarrollo, democráticos o no, pueden seguir ese mal ejemplo. El discurso de Obama en varias oportunidades tuvo un tono similar a los años de Bush, sobre el constante temor por las amenazas de los enemigos que nos odian y elogiando a la vez a las fuerzas de seguridad que nos protegen. En marzo de 2015, la Unión Americana de Libertades Civiles (ACLU) demandó al gobierno de Obama para que divulgue documentos que detallan el uso de la secreta "lista de asesinatos". La ACLU obtuvo las pruebas en 2013 tras una petición bajo la Ley de Libertad de Información (FOIA). "A pesar de su promesa pública de apertura, el gobierno ha continuado luchando con dientes y uñas contra la divulgación de los documentos", lamentó en esa oportunidad el asesor legal de la ACLU, Matthew Spurlock. La ACLU urgió registros sobre las justificaciones legales en los ataques con drones, y el proceso para determinar esos objetivos. Asimismo, exigió un rendimiento de cuentas en lo relacionado a daños colaterales, esto es la muerte de civiles inocentes, y el nombre y número de personas asesinadas o heridas como resultado de esos "asesinatos selectivos" realizados en varios países de Oriente Medio y el Norte de África. De esa estrategia de las ejecuciones selectivas, sin un debido proceso, que sigue creando más odio en el mundo, ni siquiera se han librado ciudadanos estadounidenses como el clérigo radical Anwar al-Awlaki, asesinado con un ataque de dron en Yemen en septiembre de 2011 en el que también murió su hijo adolescente de 16 años, Abdulrahman al-Awlaki, también ciudadano estadounidense. De acuerdo informó el 1 de octubre el diario USA Today, las enseñanzas de Awlaki influyeron al mayor del Ejército estadounidense, Nidal Hasan, en la matanza de Fort Hood, Texas, en 2009, y del intento de atentado del nigeriano Umar Farouk Abdulmatallab en Detroit ese año con un "calzoncillo bomba".

Justificación. En un discurso el 6 de diciembre de 2016, Obama defendió sus políticas. "Llevamos la batalla a ISIL (Estado Islámico) en Irak y Siria, no con batallones estadounidenses sino con fuerzas locales respaldadas por nuestro equipo y nuestros asesores y, muy importante, nuestras fuerzas especiales. En esa campaña ahora hemos golpeado a ISIL con más de 16 mil ataques aéreos", afirmó. EL mandatario describió en su lucha contra la expansión del Estado Islámico en esa región. "En lugar de poner toda la carga en las tropas terrestres estadounidenses, en lugar del intento de montar invasiones donde aparezcan los terroristas, hemos construido una red de socios", en Libia, Mali, Somalia y Yemen. La lucha se llevado a cabo mientras se retiraron casi 180 mil soldados en Irak y Afganistán, donde quedan 15 mil. El mandatario rechazó la tortura y dijo que los terroristas capturados fueron "interrogados legalmente y sometidos a juicio en cortes civiles". Explicó que en Guantánamo se han transferido más de 175 detenidos a gobiernos extranjeros, y que la población carcelaria se redujo de 242 cuando llegó al poder a 59. Obama justificó su política de drones, al indicar que "en un mundo peligroso, los terroristas buscan lugares donde es a menudo imposible capturarlos o contar con los gobiernos locales para hacerlo. Eso significa que la mejor opción para nosotros es hacer que esos terroristas se conviertan en un blanco de ataque. Por lo tanto hemos tomado acción bajo mi mando, incluyendo drones, para sacar a terroristas del campo de batalla, que protege a nuestras tropas y ha prevenido amenazas reales al pueblo estadounidense". El presidente detalló que cuando cualquier ataque se lleva fuera de una zona de guerra, tiene cuidado de evitar la muerte o lesiones de civiles. "A pesar de todo, todavía tenemos críticos que sugieren que esos ataques con drones están equivocados. Y yo les digo, tienen que analizar las alternativas. Esos ataques con drones nos permiten negar a los terroristas un lugar seguro sin ataques aéreos, que son menos precisos, o invasiones, que más probablemente maten a inocentes civiles o a personal de servicio militar estadounidense". Obama indicó que con base a la transparencia y rendimiento de cuentas, ha hecho público la lista de organizaciones terroristas, ha divulgado evaluaciones de no combatientes muertos en la operación y "asumido responsabilidad cuando se han cometido errores". Asimismo, ha desclasificado información sobre métodos de interrogación erróneos, "para aprender de errores pasados". Obama volvió a reiterar al Congreso su pedido para que le conceda una nueva autorización en la guerra contra ISIL, con base a la naturaleza cambiante de las amenazas y las lecciones aprendidas de la década pasada. "Hasta el momento, el Congreso ha rehusado programar un voto", lamentó.

La pregunta es si se pueden justificar -en el marco de la guerra global contra el terrorismo bajo la era Obama- esos asesinatos de presuntos terroristas, sin el debido proceso, o la muerte de civiles. La guerra asimétrica, con drones y asesinatos selectivos, por un lado, y atentados contra civiles inocentes por el otro lado, ha traspasado fronteras e ignorado acuerdos internacionales.

Daños colaterales. La respuesta de los extremistas islámicos no se ha dejado esperar, lejos de dar la otra mejilla, con respuestas igualmente asimétricas, por medio de atentados en cualquier ciudad del mundo, donde las víctimas por lo general son civiles inocentes en el lugar menos esperado. La estrategia del ataque con drones ha generado las críticas de grupos de derechos humanos, que llegaron a catalogar varios incidentes como crímenes de guerra, incluyendo el bombardeo a médicos de la agrupación

"Médicos sin fronteras" en octubre de 2015 en Kunduz, Afganistán, por fuerzas estadounidenses, aunque el Pentágono ha rechazado esas acusaciones. Situaciones similares han ocurrido en Yemen, país fronterizo con Arabia Saudita, aliado de Estados Unidos al que el gobierno de Obama vendió armas por miles de millones de dólares. Esas políticas han favorecido de paso a la industria armamentista estadounidense, que en 2014 representaba más de la mitad del valor de todos los acuerdos de transferencia global de armas, según datos del Congressional Research Services (CRS) citados en un artículo de la revista The Nation publicado el 26 de julio de 2016. Documentos del Pentágono obtenidos en 2013 por la publicación The Intercept indican que los asesinatos selectivos se instrumentan cuando se determina que la captura "no es posible al momento de la operación". De acuerdo con esa publicación, el programa de drones es impreciso y arbitrario, con poco control de los daños colaterales. Hay poca investigación con respecto al objetivo del ataque. La condición es que represente una "amenaza a los intereses o al personal de Estados Unidos". En un plazo de 60 días tras la aprobación presidencial para atacar a un "combatiente enemigo", las fuerzas militares deben ejecutar la operación. Sin embargo, en ese plazo el objetivo puede haber abandonado la lucha armada, solo para ser exterminado posteriormente. La Operación Haymaker en Afganistán entre 2011 y 2013 apoyada por la CIA y otras agencias de inteligencia, llevó a la eliminación de 35 sospechosos y 200 civiles, considerados "enemigos muertos en acción" porque son hombres en edad militar asociados con el objetivo, de acuerdo con The Intercept. Obama justificó los ataques contra objetivos terroristas del Estado Islámico –o ISIL, como también lo denomina- en un discurso al país el 10 de septiembre de 2014. "En una región que ha conocido tanto derramamiento de sangre, estos terroristas son únicos en su brutalidad. Ellos ejecutan prisioneros capturados. Matan a los niños. Ellos esclavizan, violan y obligan a las mujeres a contraer matrimonio. Amenazaron a una minoría religiosa con el genocidio. En actos de barbarie, se cobraron la vida de dos periodistas estadounidenses: Jim Foley y Steven Sotloff". "Si este Congreso se toma en serio el ganar esta guerra y quiere enviar un mensaje a nuestras tropas y al mundo, debería autorizar de una vez el uso de las fuerzas militares contra ISIL. Hagan una votación. Pero el pueblo estadounidense debería saber que con o sin la intervención del Congreso, ISIL aprenderá las mismas lecciones que los terroristas que vinieron antes que ellos. Si dudan del compromiso de Estados Unidos —o del mío— para vigilar que se haga justicia pregunten a Osama bin Laden. Que se lo pregunten al líder de Al Qaeda en Yemen, a quien eliminamos el año pasado, o al responsable de los ataques en Bengasi, a quien tenemos preso en una celda. Cuando alguien ataca al pueblo estadounidense, vamos a por ellos. Puede llevar tiempo, pero tenemos buena memoria y nuestro alcance no tiene límites", advirtió. El mandatario indicó más adelante, que "en primer lugar, vamos a realizar una campaña sistemática de ataques aéreos contra estos terroristas. Vamos a trabajar con el gobierno iraquí, vamos a ampliar nuestros esfuerzos más allá de proteger a nuestro pueblo y las misiones humanitarias, de manera que estamos golpeando objetivos del ISIL como las fuerzas iraquíes van a la ofensiva. Por otra parte, he dejado claro que vamos a cazar a los terroristas que amenazan a nuestro país, donde quiera que estén. Eso significa que no voy a dudar en tomar medidas contra ISIL en Siria, así como Irak. Este es un principio fundamental de mi presidencia: si ustedes amenazan a Estados

Unidos, ustedes no encontrarán ningún refugio seguro".

Respuesta contundente. Lo que en parte mostró la determinación del gobierno de Obama de acabar de una vez con todas con el enemigo fue la decapitación de estadounidenses en Oriente Medio. El 3 de septiembre de 2013, el vicepresidente Joseph Biden elevó el tono de voz contra el Estado Islámico al decir que "Estados Unidos los seguirá a las puertas del infierno hasta que sean llevados a la justicia, porque el infierno es donde ellos residen". En su campaña propagandística con el uso de medios electrónicos que le ha permitido propagar su ideología de crear un califato, el Estado Islámico había divulgado un video días antes en el que mostraba la ejecución del periodista Steven Sotloff, que incluía el sonido gutural cuando su cuello era atravesado al filo de la espada. Semanas antes, el Estado Islámico había divulgado otro video con el degüello del fotoperiodista James Foley. En ambos casos, a los periodistas se les indicó que leyeran declaraciones culpando a Obama y luego fueron ejecutados. Como una macabra competencia del que mata más es el que gana, los resultados no tardaron en reportarse, en los meses y años posteriores. El teniente general del Ejército, Sean MacFarland, dijo en agosto de 2016 que en los dos años anteriores habían matado a 45.000 yihadistas del Estado Islámico en Irak y Siria. "Estimamos que en los pasados 11 meses, matamos a unos 25.000 combatientes enemigos. Cuando se suman los 20.000 muertos estimados (previamente), da 45.000 enemigos fuera del campo de batalla", afirmó orgullosamente MacFarland, comandante de la campaña de la coalición encabezada por Estados Unidos. Declaraciones similares emitieron el el secretario de Defensa, Chuck Hagel, quien dijo en enero de 2015 que han muerto miles. En noviembre ese año, el secretario de Estado, John Kerry, sostuvo que los días de los combatientes del Estado Islámico "estaban contados", incluyendo los de varios de sus dirigentes. El gobierno de Obama ha indicado que esas medidas han ayudado a recuperar en Irak el territorio que el Estado Islámico había conquistado y que además ayudó a frenar su avance en Siria. El mandatario ha indicado en varias oportunidades que hará "lo que sea necesario" para mantener seguro el territorio de Estados Unidos. Los ataques con drones contra objetivos terroristas tiene como base legal una resolución aprobada por el Congreso tras los atentados de 2001 que le da autoridad al presidente para actuar de manera unilateral. La pregunta es que si es hora de reevaluar la estrategia porque la crisis se sigue expandiendo y parece que seguirá la espiral de violencia, dejando tras sí víctimas inocentes, más odio y deseos de venganza en el mundo. Nikhil Singh, autor del libro "Black Is a Country: Race and the Unfinished Struggle for Democracy" (2005), criticó severamente las políticas de Obama en una evaluación que dieron 53 historiadores sobre distintos asuntos de la era Obama, según publicaron en la revista New York Magazine en enero de 2015. "La atribución del derecho del presidente de EE.UU. de matar a cualquier, en cualquier lugar del mundo, sin el debido proceso, es una abominación y sugiere un gobierno que todavía se considera a sí mismo como por encima y más allá de la ley: la definición de un estado paria. Además, un análisis detallado en el terreno del grupo de derechos humanos Reprieve indica que los intentos de Estados Unidos de matar a 41 personas en ataques con drones han resultado en más de 1,100 muertes. Incluso si el asesinato con dron fuera aceptable, estos números (o cualquier cosa que se les aproxime) sugiere un nivel de falla operacional, falta de rendimiento de cuentas y una completa desconsideración a la vida humana", sentenció.

Capitulo 3
Rescate del sistema

Uno de los retos más apremiantes de Obama al principio de su mandato fue el afianzamiento de una economía en picada heredada de su predecesor George W. Bush con un rescate multimillonario a Wall Street y a la industria automotriz. El criterio fue que los grandes conglomerados financieros que registraron cuantiosas pérdidas por inversiones riesgosas, sin embargo eran considerados como "muy grandes como para caer", a diferencia del consumidor común y corriente, cuya bancarrota o insolvencia no afecta en gran medida al sistema financiero. La caída de los grandes bancos hubiese arrastrado consigo todo el sistema financiero estadounidense creando un colapso de los mercados globales. Esa era la voz de alerta de los defensores de un rescate financiero financiado con el dinero de los contribuyentes, en el mejor ejemplo de un "crony capitalism", un capitalismo clientelista o amiguista. Hay quienes bromeaban diciendo que los empresarios son capitalistas en tiempos de las vacas gordas pero socialistas en la época de las vacas flacas, porque confían que sus pérdidas las solvente el sector público. El costo a largo plazo redundó en grandes ganancias para la banca y la industria automotriz, pero un estancamiento en los ingresos salariales y el descontento de la clase media que se sintió desplazada. Ese clamor por la igualdad llevó al surgimiento de manifestaciones por la izquierda del movimiento Occupy Wall Street desde sectores del ala progresista del Partido Demócrata y por la derecha del Tea Party con los sectores más conservadores aliados con los republicanos. El analista económico Isaac Cohen explicó que Estados Unidos ha experimentado una reactivación económica que dura ya 7 años, pero con una tasa de crecimiento lenta, de alrededor de 2 y 2.5 por ciento. "El hecho de que los salarios no aumentaron, con muy baja inflación, generó entre muchos la percepción de que los beneficios de la reactivación estaban sesgados hacia los más pudientes. Porque mientras se aprobaron rescates para el sector financiero y las empresas automovilísticas, muchas personas perdieron sus casas, mientras que los salarios estaban estancados. Ahora sabemos que la lenta reactivación, con crecimiento moderado, generó un malestar entre muchos trabajadores que encontró explicación en el nativismo y el proteccionismo", afirmó. Obama se enfocó en los primeros meses de su mandato en continuar con el plan de Bush del rescate a los banqueros de Wall Street.

Precio político. El precio político que pagaron Obama y los demócratas fue alto y donde más duele, en las casillas de votación y fue en las casillas de votación. Al principio de su mandato en 2009 los demócratas controlaban ambas cámaras del Congreso, lo cual era un momento ideal para impulsar su agenda progresista, que utilizó para la reforma de salud conocida como Obamacare, pero postergó una tan ansiada reforma migratoria. En los comicios legislativos de 2010 el Partido Demócrata perdió la Cámara de Representantes. Aunque Obama logró la reelección en 2012, dos años después, en las elecciones legislativas 2014 los republicanos mayoría en ambas cámaras del Congreso, y frenaron muchas de sus iniciativas. El "gobierno empresario" de Obama informó con bombos y platillos que gracias al Programa de Alivio de Activos en Problemas (TARP) y otras iniciativas de rescate financiero, los contribuyentes "invirtieron" $426 mil millones a los bancos y la industria automotriz y obtuvieron $441 mil millones de dólares, una suma superior a la que inyectada. Sin embargo, esos "logros" no se vieron reflejados en aquellos contribuyentes que jugaron con las reglas, fueron afectados por la explosión de la burbuja hipotecaria que dejó sus casas devaluadas y vieron un estancamiento en sus salarios. Muchos de los desempleados dejaron de buscar trabajo o se insertaron en el mercado laboral como contratistas o temporalmente, lo cual no se refleja en los informes de desempleo. La senadora demócrata de Massachusetts, Elizabeth Warren, resumió perfectamente esa inclinación de Washington por Wall Street, a expensas de "Main Street" o los estadounidenses: "Washington ya trabaja con realmente bien con los multimillonarios y las grandes corporaciones y las grandes corporaciones y los abogados y los lobistas, pero ¿y qué pasa con las familias que perdieron sus viviendas o sus trabajos o sus ahorros de retiro? ¿Qué pasa con las familias que viven de cheque a cheque y vieron que sus dólares en impuestos van al rescate de Citi hace apenas seis años, y es tiempo, ya ha pasado el tiempo, de que Washington comience a trabajar con ellos", dijo Warren en un discurso en diciembre de 2014 ante el Senado.

Puente de Washington a Wall Street. Un crudo artículo de la revista Rolling Stone del 4 de enero de 2013, describe los coqueteos entre Washington y Wall Street, en plena transición del secretario del Tesoro, Henry Paulson, de la saliente administración Bush con su sucesor Tim Geithner, del entrante "dream team" del presidente Obama. "En lugar de usar los fondos del rescate como lo prometido, para impulsar la economía, Wall Street usó los fondos para hacer la economía más peligrosa. Desde el inicio, el dinero de los contribuyentes se utilizó para subsidiar una serie de fusiones financieras, desde el acuerdo Chase-Bear Stearnes, hasta la fusión de Wells Fargo y Wachovia, y la adquisición de Merrill Lynn por Bank of America. Ayudados por los fondos del rescate, ser muy grande como para caer, era de repente muy bueno como para dejarlo pasar", indicó con sarcasmo la publicación. Entre 2009 y 2014, el ingreso neto combinado de los cinco bancos más grande de Estados Unidos, que son J.P. Morgan, Citigroup, Bank of America, Goldman Sachs y Morgan Stanley, promedió los $41 mil millones, por encima del promedio anual de $25 mil millones entre 2002 y 2008, de acuerdo con un informe de economistas de la Reserva Federal de Nueva York divulgado por la agencia Reuters en octubre de 2015. A esa situación cabe agregar que durante la presidencia de Obama el déficit, la deuda nacional, se ha duplicado a casi $20 billones debido a la recesión y a paquetes de estímulos que incluyeron sus rescates a la industria automotriz, el popular programa "dinero por carcachas", expansiones al desempleo y estampillas de comida y subsidios de la reforma de salud.

Capitulo 4

"Deporter in chief"

Las políticas de Obama, tal vez para complacer las exigencias de los republicanos como condición a una reforma migratoria, condujo a un mayor reforzamiento fronterizo y la deportación de más de 2.8 millones de inmigrantes indocumentados, de acuerdo con información del Departamento de Seguridad Interna (DHS) citados por la cadena ABC News el 29 de agosto de 2016. Grupos proinmigrantes denunciaron la criminalización de los inmigrantes bajo el ya clausurado programa de Comunidades Seguras, que se enfocaba en personas con antecedentes penales, pero peligrosamente afectaba a personas con delitos menores como pasarse una señal de "Pare" o manejar sin licencia e conducir. El Consejo Nacional de La Raza (NCLR), la organización hispana más grande de Estados Unidos, lo calificó en marzo de 2014 como "Deporter in Chief", o "Jefe de las deportaciones", un título nada honorable que no se lo hubiera imaginado cuando prometió una reforma migratoria en los primeros 100 días de su mandato. Su predecesor Bush prometió en su momento una reforma migratoria, pero en el primer año de su mandato ocurrieron los atentados del 2001, que marcaron su presidencia. Con Obama la excusa fue la crisis financiera y luego su prioridad en la reforma de la salud. La presión por una reforma migratoria era tal que varios niños inmigrantes se convirtieron en el símbolo del clamor por la legalización de unos 11 millones de indocumentados. Una niña inmigrante preguntó a la primera dama Michelle Obama en mayo de 2015 por qué su esposo quería deportar a sus padres. Otra niña entregó una carta al Papa Francisco, cuando recorría las calles de Washington en septiembre de 2015, pidiéndole una solución a la situación legal de los indocumentados. En realidad hubo intentos bipartidistas en el Congreso para la legalización, pero la Cámara de Representantes controlada por los republicanos se encargó de descarrilar un proyecto que el Senado aprobó en 2013. La inmigración indocumentada se ha mantenido en

11 millones durante el gobierno de Obama, pero las políticas heredadas de Bush se mantuvieron o expandieron. El polémico alguacil del condado de Maricopa, Joe Arpaio, acusado de abusos a los inmigrantes, se fortaleció en Arizona con sus medidas antiinmigrantes, aprovechando el programa Comunidades Seguras. El programa de Acción Diferida para los llegados en la Infancia (DACA) anunciada en 2012, fue prácticamente arrancado mandatario por el movimiento de los "dreamers", que son jóvenes indocumentados que siguen escribiendo su propia historia para ser parte integral de Estados Unidos. "¡Sí, tú puedes!", interrumpieron jóvenes "dreamers" al presidente cuando daba un discurso ante el NCLR el 25 de julio de 2011. "Creánme, la idea de hacer las cosas por mi cuenta es muy tentadora. Yo les digo. No solo en la reforma migratoria", respondió Obama, al señalar con respecto a la función del Congreso que "necesito una pareja de baile, y la pista está vacía". En una jugada política para complacer a los "dreamers" y motivar el voto latino, Obama anunció el alivio migratorio DACA meses antes de los comicios presidenciales de noviembre de 2012 en los que logró la reelección. Más de 650 mil jóvenes se habían beneficiado de esa medida hasta el 15 de junio de 2015,

según escribió en el blog de de Casa Blanca la asistenta especial del Presidente de Política de Inmigración, Felicia Escobar. El mandatario nunca envió una propuesta propia de inmigración al Congreso, para no interrumpir el proceso. El 27 de junio de 2013, el bipartidista "grupo de los ocho" del Senado logró aprobar por abrumadora mayoría de 68 votos contra 32 un proyecto de ley de reforma migratoria integral, que sin embargo languideció en la Cámara de Representantes bajo control republicano, sin ningún apetito para un alivio a los indocumentados, y más bien hambriento por mayores recursos para blindar la frontera. En noviembre de 2014 el presidente intentó ampliar el alivio a las familia mediante el programa de Acción Diferida para Padres de Ciudadanos Estadounidenses y Residentes Permanentes Legales (DAPA), sin embargo esa medida fue bloqueada en las cortes luego de demandas de varios estados porque la consideran inconstitucional. El caso llegó hasta la Corte Suprema que en junio de 2016 en un fallo dividido 4-4 mantuvo el bloqueo que hubiera beneficiado a 5 millones de indocumentados.

Activismo. Durante el mandato de Obama se realizaron ayunos, actos de desobediencia civil, arrestos masivos, marchas de madres y jóvenes, pero los esfuerzos fueron infructuosos. La condición parecía ser un todo o nada, en cuanto a un camino a la ciudadanía para los indocumentados, que proponían los demócratas y rechazaban los republicanos, que preferían la prioridad a un mayor control fronterizo, que verdaderamente fue una excusa para la obstrucción. Lo que no se quería era crear ciudadanos de segunda clase con una legalización con permisos temporales como el Estado de Protección Temporal (TPS) que beneficia a originarios de países donde han ocurrido desastres naturales o conflictos. Al final, nada se logró, aunque hay quienes hubiesen preferido al menos un TPS, como un permiso de trabajo, y un alto a las deportaciones. En una entrevista publicada en NBCNews el 30 de noviembre 2016, la asesora en asuntos asuntos latinos del presidente Obama, Cecilia Muñoz, sugirió que los activistas se enfocaron demasiado en acciones ejecutivas, en lugar de presionar más al Congreso por una reforma migratoria integral. Muñoz dijo que la migración desde México se ha reducido a cero y que la población indocumentada se está comenzando a reducir, aunque el problema que enfrenta ahora la Patrulla Fronteriza es la migración desde Centroamérica y otros países. Ante la falta de un acuerdo entre la Casa Blanca y el Congreso, algunos estados quisieron aplicar la ley federal de inmigración, como lo hizo Arizona con la ley SB1070, que llevó a la intervención de la Suprema Corte que frenó en 2012 sus partes más polémicas. En una declaración en junio de ese año, Obama se mostró complacido pero a la vez preocupado por las partes que quedaron en pie que exige que la policía revise el estatus migratorio de cualquiera si tiene "sospecha razonable" que se encuentra ilegalmente en el país, lo cual se puede prestar a detenciones discriminatorias. El presidente urgió al Congreso que actúe de manera integral sobre la inmigración. Las tensiones sobre las deportaciones se prolongaron incluso hasta mayo de 2016, por reportes con respecto a planes del Servicio de Inmigración y Aduanas (ICE) para realizar redadas de menores, jóvenes y madres de familia centroamericanos a quienes se les advirtió previamente que abandonen el país. "Este es un horrendo legado que el presidente Barack Obama nos deja", señaló Gustavo Torres, director de la organización comunitaria Casa de Maryland. "Por un lado, ha buscado mantener a las familias juntas, pero por el otro autoriza a dividir a nuestra comunidad", indicó. La parálisis sobre el tema de inmigración fue el caballo de batalla del aspirante presidencial republicano Donald Trump, con su promesa de construir un muro en la frontera con México y frenar no solo la migración indocumentada, sino también el flujo de drogas hacia este país, que es un negocio redondo para la grandes cárteles del narcotráfico. La idea del muro no es nueva, porque ya está en construcción desde gobiernos anteriores, incluyendo el de Obama y sus predecesores Bush y Bill Clinton, con su operación "Gatekeeper". Los protagonistas de esas marchas incluyeron al dirigente sindical Eliseo Medina con un ayuno prolongado, el legislador demócrata Luis Gutiérrez, arrestado frente a la Casa Blanca en un acto de desobediencia civil, así como madres de familia e incluso niños que presionaron por un alivio a su situación migratoria. El movimiento de los "dreamers" es uno de los más fuertes en el movimiento pro-inmigrante, contando con el apoyo de la mayoría de los estadounidenses a una reforma migratoria. Los jóvenes "dreamers" consiguieron el apoyo de grandes compañías y universidades que les facilitaron sus estudios, pero eso no impidió que continuaran sus diversos actos de cabildeo, presión y marchas, que recuerdan la época de la lucha por los derechos de los campesinos que encabezaron César Chávez y Dolores Huerta.

En retrospectiva, nota del autor publicada en el sitio digital MetroLatinoUSA.com el 5 de abril de 2016, que muestra, en broma y en serio, la necesidad de frenar el flujo de armas y drogas por la frontera con México, motivado por la demanda insaciable de los estadounidenses por los estupefacientes.

Construyamos el pinche muro

Pensándolo bien, un muro en la frontera entre México y Estados Unidos es necesario, y mejor si lo pagan los mexicanos, como lo exige el pre-candidato presidencial republicano Donald Trump.

A pesar de las pataletas, berrinches y desgarros de vestiduras de los ex-presidentes mexicanos Felipe Calderón y de Vicente Fox, quien dijo que no pagaría por el "pinche" muro, o del propio mandatario actual, Enrique Peña Nieto, urge la construcción de un muro financiado por México.

Claro, las inversiones podrían venir de países con grandes capitales como Chile, Brasil o España pero el muro sería de propiedad de los mexicanos.Y no se trata de un muro físico, sino que puede incluir espacios vigilados por drones, vehículos y cámaras, sobre todo para no perjudicar el medio ambiente, el turismo o el comercio.

¿Y por qué un muro ahora, cuando se habla de fronteras más abiertas para promover un mayor acercamiento entre países vecinos?

Una razón sencilla es que México tiene un vecino adicto que a cualquier precio busca la droga, corrompiendo en el camino a las autoridades y desestabilizando a las instituciones no sólo mexicanas sino centro y suramericanas. El el negocio de las drogas es muy lucrativo, capaz de corromper al más honesto.

Por otro lado, un muro puede frenar el tráfico ilícito de armas que van a parar manos del crimen organizado en México que controla a mano dura territorios y en varios casos a los políticos. El precio en vidas lo han pagado y siguen pagando los mexicanos. Más 100 mil mexicanos han muerto desde 2006 cuando el entonces presidente Calderón inició la guerra antinarco apoyada por Estados Unidos.

La degradación es total, con mutilaciones, decapitaciones, violaciones y desapariciones masivas, como las de los 43 estudiantes, perpetradas por el crimen organizado que ha infiltrado incluso a las fuerzas del orden.

Si esos muertos – desaparecidos – hubieran sido estadounidenses, otras serían las políticas e incluso la postura del gobierno de Estados Unidos. Pero, lamentablemente, la muerte de mexicanos ya no genera titulares en la prensa.

El muro ya no llevaría el nombre en honor a Trump, como lo ha sugerido el magnate. Debido a que México va a financiarlo, podría tener un nombre más llamativo como la Gran Muralla Azteca, por ejemplo, que supere con tecnología avanzada a la anticuada la Muralla China y se convierta en una de las maravillas del mundo moderno.

Si los gringos quieren su pinche droga, que mejor les cueste un ojo de la cara, traten a sus adictos como pacientes y no como criminales. Si los gringos quieren seguir traficando sus armas a México, que los fichen y los vigilen las autoridades mexicanas y sus socios de seguridad, incluyendo empresas privadas.

Con la Gran Muralla Mexicana ya no habrá la excusa de invasiones, injerencias, intervencionismo ni militarización de las fuerzas policiales impulsadas por Estados Unidos para imponer sus fracasadas políticas antidrogas. Es hora que el adicto del norte sepa que su vecino del sur, con el apoyo del resto del hemisferio, tiene las agallas para construir el pinche muro.

http://metrolatinousa.com/2016/04/05/construyamos-el-pinche-muro/

Capítulo 5

Batalla de peones

Durante la era Obama se intensificaron los conflictos globales, en particular en Oriente Medio rico en recursos energéticos, que podrían desatar una III Guerra Mundial entre Estados Unidos y Rusia, que buscan su hegemonía en esa convulsionada región. Un enfrentamiento entre ambas potencias nucleares tendría un impacto inimaginable en la humanidad. En lo que entonces pareció una nueva era de concordia, el 6 de marzo del 2009, al cumplirse dos meses de la presidencia de Obama, cuando la entonces secretaria de Estado, Hillary Clinton, y el ministro de Relaciones Exteriores de Rusia, Sergei Lavrov, anunciaron un restablecimiento de las relaciones. Sin embargo, todo quedó en buenas intenciones. El nivel de desconfianza lo describió The Washington Post el 3 de noviembre de 2016 cuando citó a funcionarios estadounidenses que concluyeron que el presidente ruso Vladimir Putin consideraba que Washington buscaba cambios de gobiernos que detestaba, primero en Bagdad y Trípoli, y luego en Damasco, y que tal vez buscaba incluso un cambio de liderazgo en Moscú. El campo de batalla tiene ahora su epicentro en Siria, en lo que se ha convertido en una batalla de peones o "proxys" con un peligroso retorno de la Guerra Fría. Tanto Estados Unidos como Rusia tienen al Estado Islámico en territorio sirio como enemigo común, sin embargo sus métodos son diferentes. Por un lado, el gobierno de Obama armó a rebeldes para derrocar al gobierno de Bashar al Assad en Siria, al que acusó de usar armas de destrucción masiva contra su población, y a la vez combatir al Estado Islámico. Por otro lado, el gobierno del presidente ruso Vladimir Putin salió en defensa de Assad también para combatir al Estado Islámico y otros grupos rebeldes, incluyendo a grupos opositores a Assad. La chispa que puede originar el incendio de una guerra termonuclear puede ocurrir en el caso de que un ataque estadounidense cause la muerte de soldados rusos o viceversa, un ataque ruso acabe con la vida de personal militar estadounidense que apoya operaciones de los rebeldes en ese territorio. Estados Unidos ha denunciado bombardeos rusos contra milicias opositoras a Assad. Por su parte, Siria denunció en septiembre de 2016 ataques contra sus tropas por parte de fuerzas militares estadounidenses. La lucha por ahora es de testaferros -"proxys" o peones- en territorio sirio donde se combate contra el Estado Islámico (EI) conocido como EEIL, ISIS, ISIL o Daesh), que busca establecer un califato en esa región e imponer la estricta ley islámica sharia. Ambas potencias mundiales, con sus respectivos aliados, consideran como terrorista a ese grupo. Rusia cuenta con la ayuda de Irán, en defensa del gobierno de Assad.

Expansión del Estado Islámico. Por su parte, en su lucha contra el Estado Islámico, Estados Unidos ha recibido el respaldo de países árabes que incluyen a Arabia Saudita, Jordania, Qatar, Irak y Kuwait. En agosto de 2012, Obama advirtió al gobierno sirio que no cruzara una línea roja con el uso de armas químicas, pero fue criticado por que esa advertencia no llevó a una acción más contundente para aislar a su gobierno. La estrategia de Obama, que se reorientó en la lucha contra el Estado Islámico en ese país, la describió el diario The New York Times el 10 de septiembre de 2014: "Luego de enfrentar duras críticas por decir hace dos semanas que no tenía una estrategia para enfrentar a ISIS (Estado Islámico) en Siria, Obama presentó un plan para reforzar el entrenamiento y armamento de rebeldes moderados sirios para que luchen contra los militantes. Arabia Saudita ha aceptado proporcionar la base para el entrenamiento de esas fuerzas".

Link: http://www.nytimes.com/2014/09/11/world/middleeast/obama-speech-isis.html?_r=0

Tierra de Aladino bombardeada. La batalla de peones, en una nueva versión de la Guerra Fría, llegó hasta la tierra de Aladino, del cuento de las Mil y una noches, con orígenes de un cuentista sirio en Alepo. El fuego cruzado se redujo en Alepo a fines de 2016, luego de intensos bombardeos de fuerzas sirias con el apoyo de Rusia contra grupos armados que han causado grandes daños en la población civil y una crisis humanitaria por la ola de refugiados que huyen de las bombas y la violencia rumbo a otros países vecinos como Turquía, Líbano y Jordania. Por su parte, Estados Unidos impulsó operaciones militares en Irak contra la expansión del Estado Islámico, donde a finales de 2016 realizó una ofensiva liderada por fuerzas iraquíes para recuperar el control de la ciudad de Mosul. En lo que representó una humillación para las tropas iraquíes respaldadas por Estados Unidos, el Estado Islámico había tomado la ciudad de Mosul en junio de 2014, con una población en ese entonces de un millón de civiles, con lo que alcanzó notoriedad internacional y la atracción de miles simpatizantes de la región y de occidente. En las acciones bélicas se han denunciado el uso de armas prohibidas, tanto de las milicias como de las fuerzas gubernamentales, como las bombas racimo el fósforo blanco. Tanto la ONU como organismos de derechos humanos han condenado esas acciones sin mayores resultados. Las imágenes horrendas de dolor y desolación en la población civil, incluyendo niños, son desgarradoras. La lucha contra el Estado Islámico en toda la región que incluye Yemen, Libia, Iraq y Siria se ha expandido con la lluvia de misiles de grandes potencias armamentistas que además incluyen a Francia, Reino Unido, Canadá, Holanda, Australia, Turquía, Marruecos, Jordania. Los ataques contra objetivos del Estado Islámico en otros países por parte de Estados Unidos se han realizado sin una declaración formal de guerra por parte del Congreso, como lo requiere la Constitución. "Si el Congreso cree, como yo lo creo, que estamos en guerra con ISIL, entonces debería votar para autorizar el uso continuo de las fuerzas militares contra estos terroristas. Por más de un año he ordenado a nuestros militares a que inicien miles de ataques aéreos contra blancos de ISIL. Es momento de que el Congreso vote para demostrar que el pueblo estadounidense está unido y comprometido con esta lucha", dijo Obama en un discurso a la nación el 6 de diciembre de 2015 luego de la masacre de 14 estadounidenses en San Bernardino, California, por extremistas aparentemente inspirados por el Estado Islámico. Obama, al igual que su predecesor Bush cuando luchaba contra la organización extremista Al Qaeda, ha repetido en numerosas ocasiones sus intenciones "degradar y destrozar" al Estado Islámico, que ha demostrado una mayor resistencia. La estrategia de Bush y Obama resultó en un miope juego de "whak-a-mole" (aplasta a un topo), sin resultados concretos para frenar la insurgencia.

Invierno árabe cruel. El Estado Islámico aprovechó el descontento en la región contra gobiernos autoritarios que tuvo su mayor representación con voces por una mayor apertura democrática con la llamada Primavera Árabe, aunque convertida ahora en un invierno cruel que parece no tener fin. El movimiento por el cambio en países árabes surgió a fines de 2010 en Túnez y se expandió en países circundantes hasta extinguirse a mediados de 2012, con la represión de los gobiernos autoritarios de la región. Durante la Primavera Árabe, jóvenes soñadores desafiaron a regímenes dictatoriales con los medios electrónicos y las redes sociales. Sin embargo, la caída de gobiernos dictatoriales en Irak y Afganistán, con la retirada de tropas estadounidenses, creó un vacío que aprovecharon grupos extremistas. El Estado Islámico, en particular, encontró terreno fértil en Libia, tras la ejecución de su líder Muamar Gadafi en 2011. El líder libio había renunciado a las armas de destrucción masiva en el país del Norte de África que cuenta con grandes reservas de crudo. Gadafi también tenía planes de establecer una moneda en oro, el dinario, que podría haber desafiado la hegemonía del dólar y el euro, según explicó el financista Anthony Wile fundador y director la publicación The Daily Bell, en un mayo de 2011. Los vientos democratizadores también llegaron a Egipto, un aliado importante de Estados Unidos. Su presidente Hosni Mubarak renunció luego de tres décadas en el poder en febrero de 2011 tras manifestaciones masivas. En elecciones democráticas en junio de 2012 ganó Mohamed Morsi, de la Hermandad Musulmana, pero fue derrocado luego de protestas masivas y un golpe de estado en julio de 2013 por el general Abdel Fattah el-Sissi, quien luego renunció de su puesto militar y ganó las elecciones al año siguiente.

Sunitas vs chiitas. Resulta cuestionable la tarea de Occidente de "democratizar" Oriente Medio, porque ignora la diversidad y complejidad del islamismo que se remontan a varios siglos, y la rivalidad entre los sunitas y los chiitas. Los musulmanes sunitas, que son el 90 por ciento de los mil 600 millones de musulmanes, están liderados por Arabia Saudita. Por otro lado están los chiitas, con sus diversas facciones, que son 100 millones y ejercen el poder en el gobierno de Irán, al que se suma el de Siria. Con esa base se puede entender la rivalidad por el predominio regional entre Irán, aliado de Rusia, y Arabia Saudita, aliado de Estados Unidos. En ese contexto, también ha quedado pendiente la paz entre Israel, gobernado por los judíos, y Palestina, cuya población es principalmente musulmana sunita, y lingüísticamente y culturalmente son árabes, con conflictos por la ocupación de territorio palestino y las denuncias de abusos a los derechos humanos. Pese a las diferencias, Obama reafirmó las relaciones estratégicas con Israel, un aliado clave en esa convulsionada región. En esa diversidad también disputa su hegemonía Turquía, un país musulmán puente entre Oriente y Occidente, pero que mantiene sus diferencias con la minoría kurda, un grupo étnico con poblaciones en Siria, Irak y Turquía.

Nuevos frentes de guerra. La realidad es que bajo el gobierno de Obama se abrieron nuevos frentes en la llamada guerra contra el terrorismo, que incluyen Siria, Libia, Yemen, Somalia, además de Irak, Afganistán y Pakistán heredados de Bush, donde se realizan ataques con drones. El diario The New York Times indicó el 8 de mayo de 2016 que el "inesperado" legado de Obama son "ocho años de guerra continua". "El 6 de mayo, a solo ocho meses de salir de la Casa Blanca, Obama alcanzó un triste hito que casi ha pasado desapercibido: lleva en guerra más tiempo que Bush o que cualquier otro presidente estadounidense", sentenció el rotativo. "Eso sí, Obama dejará menos soldados en peligro (aproximadamente 4.087 en Irak y 9.800 en Afganistán) que los 200.000 que heredó de Bush en esos países. Pero Obama también ha autorizado ataques contra grupos terroristas en Libia, Pakistán, Somalia y Yemen, lo que eleva el total a siete países en los que su administración ha desarrollado acciones militares", informó. El costo en la pérdida de vidas es incalculable. Una fotografía tomada en 2015 del niño sirio refugiado encontrado ahogado boca abajo cerca del centro turístico turco de Bodrum, en su intento de llegar a Grecia, se hizo viral en las redes sociales.

Mientras tanto, los analistas debaten cuál es la "doctrina Obama" en política exterior. El secretario de Estado, John Kerry, la resumió en un discurso el 29 de septiembre de 2016 en The Atlantic and Aspen Institute como una combinación, tal vez pragmática, de intereses y valores. "Algunas veces los intereses son de mayor importancia en un momento particular y puedes tener tensión con los valores por el nivel del interés", enfatizó. La revista The Atlantic señaló el 23 de septiembre de 2016 que Yemen, otro de los frentes en la lucha contra ISIS, es un "cementerio" de la doctrina de Obama por los costos en vidas humana de facilitar la guerra proxi de Arabia Saudita. El diario se refirió al último discurso de Obama ante la Asamblea General de la ONU en Nueva York, en el que indicó que en la región "tenemos que insistir que todas las partes reconozcan la humanidad común y que las naciones pongan fin a guerras "proxy" que alimentan el desorden".

Capitulo 6
Altibajos con Latinoamérica

Para bien o para mal, el enfoque en Oriente Medio dejó de lado en gran parte el espectro latinoamericano, donde Washington sigue sin relaciones diplomáticas con los gobiernos del presidente boliviano Evo Morales y del venezolano Nicolás Maduro, quien ocupó la presidencia tras la muerte en 2013 de Hugo Chávez. La esperanza de un acercamiento de Estados Unidos con Venezuela, que formaba parte de un bloque latinoamericano que incluía a los gigantes Argentina y Brasil, ocurrió en el 2009 durante la V Cumbre de las Américas en Trinidad y Tobago cuando el mandatario venezolano le regaló a su homólogo estadounidense un ejemplar del libro "Las venas abiertas de América Latina", del uruguayo Eduardo Galeano.

Pero todo quedó en buenas intenciones y las relaciones siguen estancadas.

México. Con respecto a México, uno de los tres socios comerciales más importantes de Estados Unidos, la administración Obama continuó las políticas de su predecesor Bush en cuanto al apoyo a la guerra contra el narcotráfico impulsada por el presidente mexicano Felipe Calderón. La Iniciativa Mérida, moldeada como el Plan Colombia, destinaba asistencia militar y de seguridad facilitada a la administración de Calderón en su lucha contra grandes cárteles del narcotráfico, que incluyó el uso de las fuerzas militares. La asistencia que mantuvo Obama incluyó protecciones a los derechos humanos, pero no pudo frenar ni disminuir los costos humanos de esa estrategia. Estados Unidos sigue siendo un país que necesita cortar la dependencia de las drogas (además del petróleo), que siguen afectando el sistema económico y la seguridad de sus vecinos. En la mal llamada "guerra contra las drogas" se gastan miles de millones de dólares. El presupuesto de Obama para 2017 busca 31 mil millones de dólares, un incremento del 25 por ciento desde cuando asumió la presidencia.

Este año, el gobierno federal está gastando más de $1.100 por persona para combatir el hábito de 27 millones de usuarios de drogas ilícitas en Estados Unidos, y 22 millones de ellos usan marihuana", indicó la revista Rolling Stone en mayo de 2016. Además, se sabe que la Dirección Estadounidense Antidrogas (DEA) no tiene colmillos porque no puede jurisdicción para aplicar la ley en otros países, que tampoco tienen instituciones fuertes para debilitar a los capos de la droga, que reemplazarán a los capturados, como en el caso de El Chapo. Entre 60 mil y 150 mil mexicanos, según varios estudios, perdieron la vida como parte de la guerra contra las organizaciones criminales de 2006 a 2012, a lo que se suma un elevado número de desaparecidos, incluyendo 43 estudiantes de la zona de Ayotzinapa en septiembre de 2014. La falta de una estrategia antidrogas tuvo resultados trágicos para los 72 migrantes -58 hombres y 14 mujeres - que buscaban cruzar la frontera por México hacia EEUU y fueron masacrados. Otro escándalo que salpicó las relaciones entre Estados Unidos y México fue la operación "Rápido y Furioso" de 2009 a 2011 entre para el rastreo de armas hacia el vecino país del sur que involucró al fiscal general Eric Holder. La operación de la Agencia de Alcohol, Tabaco, Armas de Fuego y Explosivos (ATF) se realizó bajo el proyecto Gunrunner. El asesinato del agente de la Patrulla Fronteriza de EEUU, Brian Terry, en diciembre de 2010, fue lo que hizo a salir a la luz pública esas operaciones. También hubo cuestionamientos por el asesinato en México del agente de Inmigración y Control de Aduanas, Jaime Zapata, el 15 de febrero de 2011, con un arma comprada en Texas.

Honduras. El gobierno de Obama adoptó una posición tibia, sin una condena firme, ante el golpe de Estado en Honduras y la expulsión del presidente Manuel Zelaya en piyamas de su propio país. Clinton rehusó calificar esa acción como golpe de Estado al golpe y propuso nuevas elecciones en vez de apoyar el regreso a Honduras del presidente destituido. Así lo reconoció en su libro "Hard Choices" y en varias entrevistas. La situación política en Honduras y países vecinos Guatemala y El Salvador, sumado a la violencia originó un incremento en el número de niños que viajaban solos a Estados Unidos. En varios casos buscaban reunirse con sus padres en Estados Unidos, en otros para escapar de la narcoviolencia, las pandillas y la falta de oportunidades económicas. "Este año habrá una cantidad récord de niños que cruzarán la frontera sur de los Estados Unidos de forma ilegal. Tan solo en el mes de mayo, la cantidad de niños no acompañados por su madre o su padre que cruzaron nuestra frontera sur alcanzó una cifra superior a los 9 mil, con lo cual la cifra total en lo que va de año se acerca a los 47 mil. La mayoría de dichos niños provienen de Honduras, El Salvador y Guatemala, donde la violencia generada por las drogas y las pandillas aterroriza a la sociedad. Tengo un mensaje muy simple para los padres de esos niños: mandar a su hijo o hija a viajar ilegalmente a Estados Unidos no es la solución", escribió en junio de 2014, el secretario de Seguridad Nacional (DHS), Jeh Johnson. Las denuncias se acumularon por la situación de hacinamiento en las cárceles estadounidenses, con familias enteras tras las rejas. Otro problema sin resolver fue el hecho de que Estados Unidos se mantuvo durante la presidencia de Obama como el principal consumidor de la droga, donde el problema se aborda de un punto de vista militar en México y carcelario en Estados Unidos, en lugar de enfrentarlo de un punto de vista de tratar al consumidor como un paciente y no como un criminal.

Cuba. Obama aseguró un acercamiento a Cuba, aunque queda el reto del levantamiento del embargo que está en menos del Congreso y el cierre de la prisión de Guantánamo para sospechosos de terrorismo. El restablecimiento de relaciones diplomáticas fue en julio de 2015, luego de más de cinco décadas de rencillas. Fue uno de los logros más importantes de Obama, que incluyó el compromiso de Cuba para la liberación del contratista Alan Gross y de parte de Estados Unidos la liberación de tres de los restantes llamados Cinco Cubanos, sentenciados por cargos de espionaje.

Sudamérica. Tres años después del golpe de estado de Honduras, ocurrió el 22 de junio de 2012 la destitución del mandatario democráticamente electo de Paraguay, el ex obispo católico Fernando Lugo, con relación a una matanza de campesinos. La respuesta en ese entonces por parte del gobierno de Obama fue tibia, en contraste con los países sudamericanos que consideraron como antidemocrática en tanto que Unasur y Mercosur suspendieron a Paraguay. El portavoz del Departamento de Estado, William Ostick, urgió "transparencia" y el respeto al debido proceso y derecho de los acusados, según informó la agencia española EFE. En sus relaciones con la región latinoamericana, la administración Obama ha sido parecida a la época de Bush, con rencillas con Venezuela, Ecuador, Bolivia y Nicaragua. Hasta la fecha Washington tiene pendiente el intercambio de embajadores con Venezuela y Bolivia. La parte positiva fue el apoyo de la administración Obama a las negociaciones y el acuerdo para la paz en Colombia entre el gobierno y las guerrilleras Fuerzas Armadas Revolucionarias de Colombia (FARC), luego de más de cinco décadas de conflicto. "En una era de intervenciones políticas frustrantes, si no fallidas, de EE.UU. en el exterior, el acuerdo de paz colombiano anunciado la semana pasada ofrece la posibilidad de una rara victoria para la diplomacia estadounidense", anotó The Washington Post el 27 de agosto. Indicó que el gobierno de Obama animó las negociaciones y Washington retrocedió en sus esfuerzos por obtener la extradición de comandantes de las FARC que enfrentan cargos criminales en Estados Unidos en el interés de ayudar a que las conversaciones sean exitosas". Las tensiones se aliviaron con Brasil, luego de la difusión por parte de Wikileaks de documentos que revelaban espionaje telefónico a la presidenta Dilma Rousseff. La región sudamericana ha dado un giro a la derecha con los gigantes Argentina y Brasil, que se espera se refleje en unas mejores relaciones con Estados Unidos.

***En retrospectiva**, nota del autor publicada en 2015 en el diario digital MetroLatinoUSA.com, en el que entrevista a activistas mexicanos que denuncian una "frontera vertical" de México a Centroamérica, sin considerar las condiciones de violencia por el narcotráfico y las pandillas que obliga a muchos a arriesgar su vida con un viaje al norte.*

A un año de la desaparición de estudiantes

"Varios de los entrevistados indicaron que Estados Unidos apoya políticas como la Iniciativa Mérida, enfocadas demasiado en la seguridad pero dejando de lado la parte de derechos humanos"

Agosto 28, 2015.

- *Avances a paso de tortuga y caracol*
- *Estados Unidos afirma que desaparición "no tiene lugar en una sociedad civilizada"*

Al cumplirse el primer aniversario de la desaparición de 43 estudiantes a manos de grupos armados en México, hay una frase que exclaman las poblaciones afectadas: ¡Somos un chingo! Y es que sencillamente ya muchos han perdido el miedo ante tanta injusticia y represión por parte de funcionarios corruptos que incluye el arresto de luchadores sociales como Nestora Salgado, quien tiene la doble ciudadanía estadounidense y mexicana y continúa en prisión.

Ante la lenta respuesta de las autoridades, los pobladores de algunos sectores han utilizado como símbolos de su lucha a la tortuga y el caracol. La tortuga es el símbolo de la Escuela Normal Rural de la aldea Aytozinapa, en el estado de Guerrero, que sigue reclamando sobre sus 43 estudiantes desparecidos.

Por su parte, comunidades autónomas controladas por el Ejército Zapatista de Liberación Nacional (EZLN) que incluyen el estado de Chiapas, cerca de la frontera con Guatemala, se están organizando en caracoles, que es un sistema de autogobierno democrático para un cambio con base a la perseverancia.

La organización SOA Watch, que presiona a Estados Unidos para que cierre la Escuela de las Américas, denominado ahora Instituto de Cooperación para la Seguridad Hemisférica (SOA/WHINSEC, siglas en inglés), por abusos a los derechos humanos, organizó a fines de junio una visita a los estados de Chiapas, Guerrero y a la Ciudad de México.

La visita de SOA Watch incluyó encuentros con académicos del Observatorio Latinoamericano de Geopolítica de la Universidad Nacional Autónoma de México (UNAM) y la analista directora del centro de análisis Americas Program, Laura Carlsen.

Asimismo, representantes de los colectivos H.I.J.O.S. y Movimiento por la Paz y la Justicia en DF, los centros de derechos humanos Fray Bartolomé de las Casas y Fray Matías Córdova, ambos en el estado de Chiapas, y el Centro de Derechos Humanos Tlachinollan en el estado de Guerrero. Las visitas también incluyeron conversaciones con miembros de la Policía Comunitaria perseguidos por las autoridades como el caso de Nestora Salgado, Juntas del

Bueno Gobierno y dirigentes de caracoles en zonas zapatistas.

La respuesta de distintos grupos sociales es coordinar esfuerzos para evitar que el país se siga hundiendo por la corrupción de las autoridades a todos los niveles del gobierno y sus vínculos con la delincuencia organizada, llamadas por algunos como "delincuencia autorizada". Las líneas de la legalidad y la ilegalidad parecen haber desparecido en varias jurisdicciones hasta el extremo que los propios pobladores temen denunciar abusos a autoridades por temor a una mayor represión.

Más allá de las consignas de vincular al Estado con las desapariciones de los estudiantes, como un símbolo de la debilidad institucional, varios de los entrevistados indicaron que Estados Unidos apoya políticas como la Iniciativa Mérida, enfocadas demasiado en la seguridad pero dejando de lado la parte de derechos humanos.

Otro aspecto es el interés de organizaciones transnacionales en apoderarse de valiosos recursos hídricos, agrícolas, petroleros, gasíferos, turísticos y mineros en territorios habitados por campesinos indígenas que ahora temen ser despojados de sus territorios.

En este caso, la delincuencia organizada y la denominada guerra contra las drogas es parte de intereses económicos en zonas mexicanas con recursos valiosos que se valen de intimidaciones, desapariciones, amenazas de muerte a los que se atreven a denunciar, incluyendo periodistas.

La investigadora de Observatorio Latinoamericano de Geopolítica de la UNAM, Ana Esther Ceceña, habló de que el objetivo de grupos de intereses económicos transnacionales es el acceso a recursos naturales y la aplicación de una política antiinsurgente que afecta a los defensores de los derechos humanos y dirigentes comunitarios.

La analista Laura Carlsen, del Americas Program, planteó que México es parte de una estrategia de seguridad nacional de Estados Unidos tras los atentados de 2001, incluyendo la lucha antidrogas, para incrementar su presencia militar en una frontera vertical que llega ahora hasta Guatemala.

"Al final los campesinos despojados de las tierras que por generaciones cultivaron, terminarán de meseros en restaurantes de lujo construidos en las que fueron sus propiedades", comentó un organizador comunitario. En ese fuego cruzado se encuentran inmigrantes centroamericanos víctimas de abuso que atraviesan México rumbo a Estados Unidos.

Con motivo del primer aniversario de la desaparición de estudiantes en Ayotzinapa, en la ciudad de Iguala, estado de Guerrero, una vocera del Departamento de Estado dijo a MetroLatinoUSA.com que el presidente Barack Obama ya ha indicado que "este horroroso crimen no tiene lugar en una sociedad civilizada".

El Departamento de Estado expresó "solidaridad siguen con las familias y amigos de los afectados por la pérdida de sus seres queridos" y señaló que ha habido reuniones con las autoridades mexicanas para "expresar nuestra preocupación y ofrecer asistencia para resolver el caso". Agregó que las autoridades mexicanas han detenido a casi 100 sospechosos y que la tragedia resalta la importancia de la Iniciativa Mérida para fortalecer las instituciones judiciales y aumentar la confianza pública. "Bajo la Iniciativa Mérida, Estados Unidos y México trabajan juntos para frenar el crimen organizado, institucionalizar la capacidad de sostener el estado de derecho, construir un frontera del siglo 21 y construir comunidades fuertes. La investigación al incidente de Iguala refuerza la importancia del entrenamiento relacionado a la profesionalización de la policía y técnicas de investigación en la escena del delito", puntualizó.

Con relación a Nestora Salgado, que enfrenta cargos de secuestro luego de actuar contra funcionarios involucrados en corrupción, el Departamento de Estado puntualizó que la Embajada de Estados Unidos en México está siguiendo "muy de cerca" el caso y proporcionando asistencia consular. "Hemos visitado a la señora Salgado en muchas ocasiones, más recientemente el 17 de julio", puntualizó. Indicó que las autoridades consulares estadounidenses han conversado con autoridades estatales y federales mexicanas, incluyendo la corte en Guerrero. "Nos preocupa el progreso lento de su caso legal. Hemos dado a conocer nuestra preocupación a las autoridades mexicanas, incluyendo niveles superiores", recalcó. El Departamento de Estado recalcó que continuará "monitoreando" el caso de Salgado y enfatizando el interés en un manejo justo y transparente de su caso por parte de las autoridades mexicanas.

Tras una huelga de hambre que debilitó su salud, Salgado logró que la trasladasen de una prisión de máxima seguridad a un centro de detención estatal. Su caso es apenas uno de parte de muchos que buscan justicia, como el de Nansi Cisneros, ciudadana estadounidense de origen mexicano que vive en Los Ángeles, que en nombre de las organizaciones Ciencia Forense Ciudadana y Voces Contra el Olvido, ha pedido a legisladores estadounidenses analizar la cooperación con México en materia de seguridad. La desaparición de los estudiantes de Ayotzinapa sigue siendo una herida abierta en la mente y el corazón de Cisneros, cuyo hermano Javier sigue desaparecido tras el arresto por parte de hombres vestidos de policía en 2013.

La SOA Watch, por su parte, expresó que el Gobierno de México debe poner fin a la impunidad y hacer esfuerzos reales para dar con el paradero de los estudiantes de Ayotzinapa, de todos los detenidos desaparecidos y llevar ante la justicia a los responsables de estos crímenes. Indicó que entre diciembre de 2006 y mediados de septiembre de 2013, la Comisión Nacional de los Derechos Humanos (CNDH) recibió 8,150 denuncias de abusos cometidos por miembros del Ejército contra la población. La organización rechazó la colaboración de Estados Unidos con México que ha destinado más de 2.000 millones de dólares de ayuda a través de la Iniciativa Mérida para supuestamente "contribuir a la lucha contra la delincuencia organizada" y que solamente ha contribuido a que se comentan "grandes violaciones a los derechos humanos".

http://metrolatinousa.com/2015/08/28/ano-de-las-desaparicion-de-estudiantes-somos-chingo/

Capítulo 7

Indignados, "outsiders" y soplones

Las tensiones raciales, los tiroteos que involucraron a orates o extremistas desde islámicos hasta supremacistas blancos y las protestas por la desigualdad económica y justicia social generaron movimientos durante la era Obama. Los desafíos siguen sin resolver, como herencia para su sucesor. A esas expresiones populares se sumaron los que lucharon por una mayor transparencia gubernamental, de los considerados como "soplones" por filtrar documentos a la prensa y, por otro lado, el surgimiento de los "outsiders" o candidatos sorpresa antisistema en la política en protesta contra las profundas divisiones partidistas de Washington.

Tensiones raciales. En el país se generaron tensiones raciales entre la policía y las comunidades afroamericanas. Ese descontento lo canalizó el movimiento "Las vidas negras importan" (BLM) para defender a los afroamericanos de la violencia institucionalizada de las fuerzas del orden. Tal vez como resultado de una mezcla del mal adiestramiento y racismo, en muchos casos los agentes del orden se apresuran en sacar el arma y acabar con la vida del sospechoso, en varios casos en el intento de sacar su cartera o escapar. La pregunta es que si es necesario que la policía continúe usando fuerza letal para mantener el orden. Las heridas siguen abiertas y el mandatario no hizo mucho para sanarlas. Una buena intención del mandatario fue la llamada "Cumbre de la cerveza" en la Casa Blanca en 2009, entre el profesor afroestadounidense Henry Louis Gates y el sargento blanco Louis Crowley. El motivo era aliviar tensiones por un malentendido que llevó al arresto apresurado de Gates. Ojalá ese encuentro cordial hubiera sido el punto de partida para un dialogo nacional y un mejoramiento de los métodos policiales. Sin embargo, la situación se agravó con el correr de los años. El colectivo BLM anunció en en 2013 en las redes sociales movilizaciones nacionales luego de que un jurado declarara no culpable a George Zimmerman de matar a tiros al adolescente afroamericano Trayvon Martin. Otras protestas masivas se realizaron en 2014 fueron por la muerte de los afroamericanos Michael Brown, que resultó en motines en Ferguson, y de Eric Garner en Nueva York. Otros afroamericanos víctimas de la violencia fueron Freddie Gray, Tamir Rice, Eric Harris, Walter Scott, Jonathan Ferrell, Sandra Bland y Samuel DuBose, entre otros. Una protesta que se viralizó en las redes sociales fue la del jugador de fútbol americano Colin Kaepernick cuando durante los juegos de la NFL a lo largo de 2016 se arrodilló durante el himno nacional en protesta contra la desigualdad racial y la opresión.

Los tiroteos. Un problema mayor lo representaron los constantes tiroteos, por parte de extremistas islámicos, supremacistas blancos o enfermos mentales armados sin ideología quienes no distinguieron entre niños en la masacre en la escuela de Sandy Hooks el 14 de diciembre de 2012, en un cine el 20 de julio de ese año en Aurora, Colorado, por parte de un desquiciado con el pelo teñido de rojo que se identificó como el Guasón (Joker); y hasta en un templo sij, en Oak Creek, Wisconsin, por parte de un militar retirado de raza blanca, en lo que se consideró como un ataque terrorista de grupos de odio. Asimismo, la masacre de nueve afroestadounidenses en una iglesia en Carolina del Sur, en junio de 2015, incluyendo a un pastor. El acceso a las armas, un derecho constitucional garantizado por la Segunda Enmienda, tuvo sus consecuencias en las masacres posteriores relacionadas con el extremismo islámico como la de San Bernardino el 2 de diciembre de 2015 y el 12 de junio de 2016 en Orlando, Florida. Las expresiones de horror de Obama y de líderes políticos con sus lágrimas, "oraciones y pensamientos" parecían huecas por la falta de acción para frenar los tiroteos. Varios de los tiroteos están relacionados también con el llamado estrés postraumático que afecta a exmilitares, varios de los cuales se unen a las fuerzas policiales. De esos trágicos episodios no se libran ni las bases militares, como ocurrió en 2009 con la matanza en Fort Hood, Texas, por parte de un soldado que había servido en 2011 por cuatro meses en operaciones en Irak y enfrentaba trastornos siquiátricos, según informó a periodistas en esa oportunidad el teniente general de esa mase, Mark Milley. La fuerte influencia del lobby de la Asociación Nacional del Rifle (NRA), que alega que el pueblo debe defenderse ante el surgimiento de un dictador en EEUU, impidió mayores restricciones sobre todo a armas letales de mayor calibre.

Los indignados. Miles de estadounidenses lanzaron su indignación con protestas callejeras en reclamo de mayor igualdad económica y contra las divisiones partidistas. En broma y en serio se realizó otra manifestación, más burlesca. El Mítin para restaurar la sanidad y el miedo de los comediantes fue impulsado por Jon Stewart y Stephen Colbert en 2010 en respuesta a otras convocatorias de la derecha por parte del locutor Glen Beck y de sectores progresistas del activista Al Sharpton, para cuestionar a quienes buscan polarizar el debate político desde los extremos, desde los extremos de la izquierda y la derecha. El movimientos Ocupación de Wall Street (OWS) emergió en 2011 contra la usura corporativa, en las que las autoridades aplicaron cuestionadas tácticas represivas de antiterrorismo para desmantelarlo. "Somos el 99%", indicaban los manifestantes en su lucha contra el 1% de los más ricos y poderoso. En una muestra de democracia, las decisiones de OWS se realizaban en consenso mediante asambleas generales, con acción directa y peticiones a las autoridades. El diario The Guardian no tardó en informar el 29 de diciembre de 2012 sobre el monitoreo por parte del FBI y el DHS a las actividades de OWS, por medio de su iniciativa conjunta contra el terrorismo, a pesar de que se trataba de un movimiento pacifista. Y no solamente eso, sino también se denunciaron infiltraciones de las fuerzas de seguridad a ese movimiento, según indicó el diario The New York Times en un artículo en mayo de 2014. Las "ocupaciones" de propiedades vacantes y parques se extendieron a distintas ciudades de Estados Unidos, llegando desde Nueva York, el centro financiero mundial, hasta Washington DC, el corazón político del país. El colectivo Anonynmous, uno de los impulsores de las manifestaciones de OWS, fue nombrado por Time en 2012 entre los 100 más influyentes del mundo y en octubre de 2011 atacó el sitio web del NYSE. Ya antes habían aparecido movimientos similares globales de "indignados" como las protestas del 15-M contra planes de austeridad en España o incluso de la Primavera Árabe a fines de 2010 hasta 2012. Tanto OWS como BLM se caracterizaron por contar con una red descentralizada y carecer de una jerarquía o estructura formal, al igual que el movimiento internacional Anonymous.

Los "outsiders". Esa inconformidad contra el "establishment" encontró eco en los mensajes populistas de políticos que se podrían considerar como "no tradicionales" o atípicos. En las primarias partidistas de fines de 2015 y 2016 surgieron los "outsiders" populistas que desafiaron el sistema desde la izquierda con Bernie Sanders, contra el aparato demócrata, y la derecha por Donald Trump, quien arremetió fuerza contra sus rivales del Partido Republicano. A ninguno de ellos se le puede describir como un típico demócrata o republicano. Ambos candidatos se caracterizaron por su oposición a la invasión de Irak, con sus distintos matices; su desdén por tratados de libre comercio porque consideran perjudiciales al trabajador estadounidense y, lo más importante, su rechazo a las contribuciones de grandes intereses económicos para financiar sus campañas, cobijadas bajo las protecciones de la ley Citizens United. Esa legislación recibió en enero de 2010 el sello de aprobación de la Corte Suprema, la cual permite la inyección ilimitada de fondos al sistema electoral, lo cual beneficia a grandes grupos de poder económico encarnados en los hermanos David y Charles Koch y Sheldon Adelson, y George Soros, e incluso corporaciones involucradas con la caída del sistema financiero y rescatados con fondos de los contribuyentes como Merryl Lynch. Trump financió parte de su campaña en sus inicios con sus propios fondos, mientras Sanders recibió pequeñas contribuciones de parte de millones de votantes. El propio Trump, haciendo uso de su herramienta favorita, la red social Twitter, caricaturizó durante las primarias a sus rivales republicanos Jeb Bush, Marco Rubio, Ted Cruz y otros dependientes de fondos de grandes corporaciones al calificarlos como "títeres". Las campañas electorales cuestan una fortuna -6 mil 600 millones, según la organización no partidista Center for Responsive Politics- y los candidatos se ven obligados a vender hasta el alma para mantenerse en el poder. El sistema democrático recibió un poco de aire fresco con la presencia del magnate de Nueva York, que en el pasado fue demócrata y luego se inscribió como republicano, y un senador independiente con ideas socialistas. El sistema establecido por dos partidos muy similares sufrió una sacudida, aunque sin una mayor acogida para las opciones que ofrecían los partidos Verde, de tendencia progresista, y Libertario, con ideas conservadoras, entre otros. Ambos partidos tradicionales han compartido el poder desde la "Guerra Civil que terminó en 1865. Al final el votante expresó su descontento en las casillas de votación con su apoyo a Trump, quien no ganó el voto popular pero su estrategia funcionó al arrebatar a Clinton estados donde Obama había ganado en comicios pasados. El magnate republicano azuzó a los votantes con una retórica contra los inmigrantes indocumentados y musulmanes, y contó con el apoyo de movimientos extremistas blancos denominados "alt-right" y plataformas de noticias falsas, que las gigantes firmas tecnológicas Google y Facebook buscan frenar. En su arremetida a la Casa Blanca, Trump también derrotó a una prensa a la que pintó como representante de grandes intereses corporativos, que lo cubrió por los elevadísimos índices de audiencia pero que respaldaron a Clinton, como lo demuestra el apoyo editorial de la mayoría de publicaciones. El aspirante presidencial demócrata Bernie Sanders encantó sobre todo a la generación del milenio, con ideas más liberales, con sus propuestas de justicia e igualdad.

Los soplones. Se esperaba además una nueva era de transparencia, pero el gobierno de Obama se caracterizó por su hermetismo. A pesar de los esfuerzos de "blindar" la información, ocurrieron filtraciones a la prensa de documentos confidenciales en el caso de la organización Wikileaks. Los considerados héroes de la libertad de expresión por unos y villanos "soplones" por otros por poner la vida en peligro de estadounidenses que realizan operaciones en el exterior son Julian Assange, Edward Snowden, Chelsea (Bradley) Manning, Aaron Swartz y Jeremy Hammond. Esos personajes representaron un desafío en el mundo digital en la lucha contra la corrupción y la falta de transparencia del gobierno estadounidense, aunque enfrentaron duras críticas por quienes consideran que pusieron en riesgo la vida de muchos estadounidenses que realizan operaciones de inteligencia en distintos países. Son jóvenes, tal vez considerados por algunos como "nerds", personas de mentalidad técnica, idealistas de la transparencia y descritos por los medios como impulsores de una mayor participación ciudadana en la toma de decisiones en las sociedades abiertas y democráticas. Ellos son hijos del internet, pero peligrosos para el gobierno por la revelación de datos confidenciales. Ellos son los llamados disidentes digitales, que permite una discusión más amplia, sin jerarquías, en la nueva era del internet. Es una maraña de la inteligencia, contrainteligencia, que coludo con el periodismo de investigación. Cabe destacar el esfuerzo del periodismo de investigación y rendir honor al periodista de la revista Rolling Stone, Michael Hastings, de 33 años, fallecido el 18 de junio de 2013. Su investigación sobre la CIA y el FBI que le creó enemigos en esas entidades, su extraña muerte por la explosión de su vehículo Mercedes Benz y sus contactos con Wikileaks, lo hicieron objeto de una serie de especulaciones con respecto a su fallecimiento. Su cuerpo calcinado no pudo ser identificado por las autoridades de Los Ángeles. Hastings había recibido numerosas amenazas de muerte. "Cada vez que he informado sobre grupos de tipos cuyo trabajo era asesinar gente, uno de ellos usualmente mencionaba que me iban a asesinar", había dicho Hastings en su libro "The Operators: The Wild and Terrifying Inside Story of America's War in Afghanistan", de acuerdo con un artículo del New York Daily News el 19 de junio de 2013. Y el caso Wikileaks salpicó hasta a Hilary Clinton, con la filtración de sus correos electrónicos y el hackeo de su cuenta y de otros funcionarios, que llevó a una investigación del FBI.

En retrospectiva, nota del autor publicada en 2015, cuando emergían los llamados "oustiders", "anti-establishment" Bernie Sanders y Donald Trump, contra las dinastías de Clinton y Bush que buscaban repetir el plato en el poder. En ese tiempo Jeb Bush encabezaba las encuestas como el abanderado republicano, pero nadie imaginaba la arremetida del impredecible Trump.

Trump y Sanders contra dinastías Bush y Clinton

Agosto 11, 2015.

Magnate Donald Trump y socialista Benie Sanders arremeten contra el "establishment"

El multimillonario Donald Trump y el socialista Bernie Sanders han arremetido contra el "establishment" de los tradicionales partidos Demócrata y Republicano en lo que se esperaba una "coronación" de sus respectivos aspirantes presidenciales Hillary Clinton y Jeb Bush.

Aunque es muy temprano predecir lo que ocurrirá con esas candidaturas antes de las primarias partidistas de principios del próximo año con miras a los comicios de noviembre de 2016 para definir al sucesor de Barack Obama, está claro que Trump y Sanders reflejan el descontento de los electores.

En el lento proceso noticioso de agosto por las vacaciones de Obama y el receso en el Congreso por el verano, la prensa se está dando un verdadero festín con las declaraciones a veces disparatadas de Trump, de las que ni sus propios correligionarios republicanos se han salvado.

En particular Trump, que en el pasado estaba registrado como demócrata, ha tocado nervio con declaraciones nacionalistas al indicar que México envía a EE.UU. a criminales y violadores, y que los líderes de China, Japón e incluso México son más inteligentes que los políticos de Washington porque obtienen mejores acuerdos comerciales.

El multimillonario que rechaza en todo momento ser "políticamente correcto" y se precia de ser muy rico, se ha mantenido a la cabeza de las preferencias republicanas con sus críticas a la influencia del dinero en la política estadounidense. Trump calificó como "marionetas" a sus rivales que asistieron a una reunión de los hermanos multimillonarios conservadores Koch.

Para regocijo de los demócratas, Trump —quien según encuestas sería fácilmente derrotado por Hillary Clinton en las elecciones generales— ha arremetido contra la posibilidad de que otro Bush llegue a la Casa Blanca, al recordar la invasión de Irak bajo mentiras, una intervención militar a la cual el magnate se opuso.

Hasta la fecha Trump sigue vivito y coleando en la contienda, pese a que muchos pronosticaron erróneamente su caída tras comentarios contra el senador McCain, considerado como un héroe de la guerra de Vietnam, cuando dijo que él prefería héroes que no hayan sido capturados. El aspirante republicano ha generado polémica por la posibilidad de que se lance como independiente si los republicanos no lo tratan bien.

Asimismo, el multimillonario criticó a la periodista de Fox News, Megyn Kelly, de quien dijo que le salía sangre de los ojos y de "donde sea", lo cual fue interpretado por sus rivales como una mención velada a su ciclo menstrual, pero Trump se defendió diciendo que solo mentes "pervertidas" pensarían así y que él se refería a su nariz o sus oídos.

Las demandas contra la cadena Univisión y el chef español José Andrés por incumplimiento de contrato por sus declaraciones contra los inmigrantes indocumentados "criminales" le podría costar el voto hispano, aunque encuestas entre latinos republicanos de Nevada lo colocan como el favorito entre otros aspirantes presidenciales de ese partido.

Por su parte, el senador independiente Sanders, quien se considera socialista, ha reunido a miles de partidarios en sus presentaciones recientes bajo su mensaje de un cambio al indicar que EE.UU. "pertenece a los estadounidenses y no a un grupo de billonarios".

Aunque todavía no ha mostrado fuerza en las encuestas, Sanders ha recibido el respaldo de grupos progresistas así como individuos, en un intento de contrastar con la maquinaria demócrata de Hillary Clinton que ha recibido un millonario apoyo para su campaña por parte de grandes corporaciones.

Sería interesante un debate entre Trump y Sanders, aunque lo más probable será que, como en los mundiales de fútbol, los favoritos siempre son los finalistas, en este caso Clinton vs Bush. Pero, hay esperanza de que los votantes hagan sentir su voz con su voto para darle aire fresco a los partidos tradicionales y salgan nuevas caras, nuevas ideas y un cambio por el bien del país.

http://metrolatinousa.com/2015/08/11/trump-sanders-contra-dinastias-bush-clinton/

Capitulo 8

Legado incómodo y tareas pendientes

Obamacare. Uno de sus logros iniciales de Obama fue la aprobación de una reforma al sistema de asistencia de la salud, conocida como Obamacare, que llevó a un incremento de 20 millones de asegurados y beneficios como permitir que los hijos menores de 26 años se acojan al seguro de sus padres, si es que viven con ellos. Sin embargo, la reforma fue sin la tan ansiada opción pública, o seguro médico universal del que gozan muchos países desarrollados y en vías de desarrollo, que se encargó de señalar en su momento durante las primarias demócratas de 2016 el aspirante presidencial demócrata Bernie Sanders. Ahora los costos son mayores e incluso los demócratas apoyan medidas para hacer que el programa sea más asequible. Para 2016 los costos del Obamacare se incrementaron e incluso los demócratas coinciden en medidas para hacerlo más accesible. Ahora, con la llegada del nuevo inquilino de la Casa Blanca, el republicano Donald Trump, y el control de su partido de ambas cámaras del Congreso, lo más seguro es que se debiliten algunas cláusulas del Obamacare con respecto a su obligatoriedad.

Guantánamo. Una de las promesas incumplidas es el cierre de la prisión en la base naval estadounidense Guantánamo, en territorio cubano, que el propio Obama calificó como un imán para el reclutamiento de terroristas, por el escándalo de torturas de los considerados "combatientes ilegales" durante el gobierno de Bush. Obama enfrentó críticas por la situación de docenas de presos en huelga de hambre en Guantánamo que exigían su liberación y un debido proceso, quienes fueron alimentados por tubos instalados en sus fosas nasales, según denunció en 2014 un comité de Derechos Humanos de la ONU. Todavía quedan 61 de los 242 cuando llegó a la Casa Blanca, dijo Obama el 6 de diciembre de 2016.

Estado Islámico (EI). El mandatario dejará a su sucesor los fenómenos del Estado Islámico, conocido como ISIS, ISIL o de una manera despectiva como Daesh, que llenó el vacío de poder ante la caída de varias dictaduras a esa realidad se suman las desastrosas políticas en Oriente Medio por parte de la administración Obama. El Estado Islámico borró fronteras al tomar vastos territorios en esa región, incluyendo Irak y Siria, con miras a fundar un califato financiado con las riquezas petroleras y presuntas "donaciones" de millonarios de Arabia Saudita, Kuwait y Qatar, aliados de Estados Unidos, según denunció la publicación The Daily Beast el 14 de junio de 2014. El yihadista Estado Islámico de es de tendencia sunita y mantiene tensiones con líderes de al-Nusra y al-Qaeda, considerados como terroristas por Estados Unidos y muchos países, según un informe de la BBC el 2 de diciembre de 2015. El director del Centro Nacional Contra el Terrorismo, Nicholas Rasmussen, dijo al Congreso en octubre de 2015 que el Estado Islámico ha atraído a más de 28 mil combatientes, incluyendo al menos 5 mil de occidente, de los cuales 250 son estadounidenses.

Nuevas guerras Obama intentó mantener el compromiso de su predecesor Bush para el retiro paulatino de tropas de los invadidos países de Afganistán e Irak, pero luego tuvo que reforzar la presencia militar y ha abierto otros frentes de guerra en Yemen, Libia, Siria y Somalia, para frenar la expansión del Estado Islámico. La aplicación de la justicia a sospechosos de terrorismo en otros países no ha existido, lo peor es se ha hecho de manera expedita sin un debido proceso. En tanto que Bush generó la condena del mundo por denuncias de prisioneros iraquíes torturados en 2003, Obama evitó esa mala imagen enviando drones, vehículos no tripulados para aniquilar a los sospechosos. Al final Obama terminó dando más garrotes que zanahorias en todos los aspectos.

Tensiones con Rusia. Asimismo, se han intensificado las tensiones con Rusia que traen de nuevo los vientos de la Guerra Fría, teniendo como epicentro la recomposición de Oriente Medio y el reto del asilo para miles de refugiados sirios. Al final, el sistema político y económico cambió de máscara, pero siguió siendo el mismo, o peor, en cuanto a la guerra contra el terrorismo, el intervencionismo y los asesinatos selectivos.

Conflictos partidistas. El panorama en Estados Unidos no es alentador. Las divisiones en el impopular Congreso y la Casa Blanca frenaron muchas iniciativas con relación al cambio climático, inmigración, regulaciones al sistema financiero, medidas contra las armas de fuego y la influencia del dinero de las corporaciones en el sistema político.

Lobos solitarios. Los ataques de supremacistas blancos y extremistas islámicos brotan como la hierba mala, pero violentamente en cualquier lugar inesperado, contra objetivos considerados suaves, no militares, que son los civiles. El sentimiento anti-estadounidense se ha radicalizado incluso dentro de Estados Unidos, situación que se ha agravado por la facilidad del acceso a las armas de gran potencia. Lejos de aliviar las tensiones, el vacío de poder dejado en las ejecuciones selectivas de dirigentes extremistas lo han llenado otros líderes más extremistas, que han hecho llamados a llevar atentados en cualquier país que lo consideren como el agresor. Los llamados "lobos solitarios", difíciles de rastrear porque en varios casos no tienen antecedentes penales o un historial médico que genere sospechas, están al acecho en lugar menos esperado. El tema de la seguridad interna, la vigilancia constante, pasó a un primer plano tras esos ataques dentro de Estados Unidos.

Reforma migratoria Una reforma migratoria que dé un alivio a millones de indocumentados es un asunto urgente, que se debe abordar de manera pragmática y bipartidista. Los beneficios económicos se han reportado con respecto a una legalización

Acercamiento a México Existe la necesidad de un acercamiento para el desarrollo de México, especialmente en la zona fronteriza que no se debe percibir como una zona de guerra sino de desarrollo. El vecino país del sur se sigue desangrando por la demanda insaciable de drogas en el lucrativo mercado estadounidense y el flujo de armas al sur.

Acciones unilaterales. De manera similar a sus predecesores, Obama hizo uso de su poder en materia de políticas interna o exterior, con medidas unilaterales, órdenes ejecutivas o iniciativas sobre el cambio climático, el libre comercio o inmigrantes indocumentados jóvenes.

Asimismo, los acuerdos para una apertura comercial con Cuba, pese al embargo que debe resolver el Congreso, y el desarme nuclear de Irán. Su sucesor se encargará de mantener o borrar de un plumazo esos esfuerzos.

Viro demócrata a la derecha. Las políticas de Obama hicieron girar a la derecha a los demócratas, dejando de lado a sectores más progresistas antibélicos o que apoyan un seguro médico universal, más protecciones al medio ambiente y una mayor atención a los trabajadores, frente a iniciativas globales de apertura de mercado impulsadas por Obama, y aborrecidas tanto por Sanders como Trump.

Reclamo de tierras. Las protestas en la segunda mitad de 2016 de comunidades indígenas en Dakota del Norte, al que se unieron miles de activistas, contra un oleoducto que cruza sus territorios, fue suspendido temporalmente por el Cuerpo de Ingenieros del Ejército estadounidense, todo un desafío para el presidente entrante. Protestas, similares llevaron en noviembre de 2015 a la cancelación del proyecto Keystone en Nebraska, relacionado con el boom energético por la polémica técnica del "fracking", la fracturación hidráulica para la extracción de gas, que rechazan los ambientalistas por la contaminación del agua potable, la emisión de gases tóxicos y movimientos telúricos. Por otro lado, cabe incluir las protestas de ganaderos blancos armados que se niegan a pagar por el pastoreo de su ganado en tierras federales en Nevada y la ocupación a principios de 2016 en Oregon de una instalación del gobierno federal por rancheros blancos que batallan contra lo que consideran la "dictadura de Washington".

Receta de Wall Street para Puerto Rico El pragmatismo de Obama se puso de manifiesto en su acuerdo con el presidente de la Cámara de Representantes, el republicano Paul Ryan, para la creación una Junta de Supervisión Fiscal para la reestructuración de la deuda de $70 mil millones de dólares para el Estado Libre Asociado de Puerto Rico, bajo la ley para la Supervisión, Administración y Estabilidad Económica (PROMESA). Críticos como los senadores demócratas Bernie Sanders y Robert Menéndez denunciaron que defiende los intereses de los acreedores de Wall Street y mantiene el coloniaje. La isla no pudo ser rescatada como los grandes bancos de Wall Street ni tampoco aplicar su propia ley de quiebra que fue rechazada por la Corte Suprema, por lo cual debe responder a la Junta. Las medidas de austeridad que proponga la Junta puede generar una presión entre los puertorriqueños, y quién sabe, una "primavera boricua" que los lleve con los vientos independistas o, lo más probable, hacia la estadidad.

Capítulo 9

Reflexiones

Entre el zumbido de los misiles, el ruido de las explosiones, el humo del petróleo quemado y la polvareda del desierto siguen flotando en el ambiente, persisten las preguntas de siempre: ¿por qué nos odian? ¿Quiénes son los más bárbaros? ¿Quiénes causan los mayores daños? ¿Quién mata a más personas, enemigos, infieles o terroristas? ¿Somos los "buenos" o somos los "malos" en el intento del apoyo de Estados Unidos en su función de policía del mundo, el ideal de la democracia, el modelo a seguir? Las preguntas para el mandatario entrante es si un acercamiento con Rusia podría llevar a mejores relaciones con Irán, evitando una guerra mundial. El costo sería mantener al gobierno de Assad en el poder, a quien Obama, con el consejo de su entonces secretaria de Estado, Hillary Clinton, buscaban derrocar. La guerra contra el terrorismo es asimétrica, y los "enemigos" también usan métodos no tradicionales para vengarse. Los adversarios ya no son países tradicionales, sino grupos armados que traspasan fronteras y son capaces de ejecutar ataques donde menos se espera, como se ha visto en varias ciudades del mundo. La propaganda anti-estadounidense también se ha propagado durante el gobierno de Obama y ya nadie parece estar seguro, con los ataques indiscriminados contra civiles, mientras las bombas no cesan de caer en Oriente Medio y el Norte de África, causando más odio y dolor. El cambio prometido por Obama, a quien el renombrado filósofo estadounidense progresista Noam Chomski ha calificado como "peor que Bush", quedó en una quimera, un sueño imposible, una fantasía. Al final el presidente demócrata ha dicho en varias oportunidades que el cambio es un proceso lento, trabajoso, como un camión trata de dar una vuelta. El presidente que prometió transparencia en el gobierno, unidad y eficiencia, tuvo que lidiar con las mismas o peores riñas con el Congreso, que cuenta con un bajo nivel de popularidad, tensiones raciales sumados a los conflictos globales. En un país que se supone un ejemplo para la democracia en el mundo, al votante no le queda otra opción que votar por el menos malo, o en contra de algún candidato, en lo que podría compararse escoger entre Pepsi o Coca Cola, demócrata o republicano, dos partidos muy similares, con las consecuencias de su consumo en exceso. Durante los años de Obama ha sido difícil detener la llamada puerta giratoria entre los pasillos del Congreso y los "lobistas" de Wall Street. La realidad es que, comenzando con el Congreso, Estados Unidos parece haberse convertido en una plutocracia. La mitad de los miembros del Congreso son millonarios, según datos de 2012 del Center for Responsive Politics. Los nombramientos iniciales hechos por el presidente entrante Donald Trump no hace más que reafirmar la presencia de los multimillonarios en altas esferas en el Poder Ejecutivo. Tanto en el poder ejecutivo, como el legislativo y judicial, fue curioso observar la abundante la presencia de los abogados –cuando es justo la representación de otros sectores y profesiones como en el área de vivienda, salud o sindicatos, como lo exige una verdadera democracia. La influencia corporativa es tal que hay incluso congresistas que al retirarse pasan a ser "lobistas", cabilderos, gestores de grandes corporaciones, en un reciclaje tenebroso del dinero y el poder, como el caso del ex legislador republicano Eric Cantor, que tras su derrota electoral en 2014 pasó a trabajar en un banco de inversiones con un salario de $1.8 millones de dólares al año. Los cambios serán difíciles luego de que la Corte Suprema, en una decisión de 5 contra 4 en 2010, la mayoría de tendencia conservadora, indicó que la eliminación de los límites de los gastos de las corporaciones en las campañas electorales en el caso Citizens United viola la libertad de expresión, abriendo de esa manera la puerta a la influencia del dinero en la política. El próximo ocupante del sillón presidencial y el Congreso deben replantear la vigencia del Colegio Electoral, que decide sobre el candidato ganador con base a los votos en los estados, dejando en un segundo plano el voto popular. Los excandidatos presidenciales demócratas Albert Gore en 2000 y Hillary Clinton en 2016 ganaron el voto popular pero perdieron en el Colegio Electoral. A ese desafío se suman unas primarias donde estados pequeños, con poca diversidad racial como Iowa y Nuevo Hampshire, definen la contienda, dejando relegados a un segundo plano a grandes estados con mayor población y diversidad como California. Al final, la decisión final queda en apenas un puñado de estados donde los candidatos gastan millones de dólares en sus campañas publicitarias. Como lo han expresado varios políticos, activistas y analistas, Estados Unidos se podría considerar como una dictadura de dos partidos unidos por intereses similares, dependientes del dinero de la corporaciones, que se rotan el poder dentro del sistema del "crony capitalism" o capitalismo clientelista.

Made in the USA
Monee, IL
24 October 2020